JOYA EN EL LOTO

Aspectos más profundos del Hinduismo

Sri M

(Mumtaz Ali)

Prólogo a la presente edición
S.E. Pradeep K. Kapur

Prólogo a la edición original
Dr. Karan Singh

Traducción al español
Federico Grandi

www.joyaenelloto.com

Título original en inglés
Jewel in the Lotus: Deeper aspects of Hinduism
© 1997, Mumtaz Ali

Traducción al español
*Joya en el Loto: Apectos más profundos del
Hinduismo* © 2009, Federico Grandi
ISBN 978-81-95608-92-8
2022 edition

Diseño de tapa por Carla Marzocca

Una Publicación de

www.yogaeMe.wordpress.com

Puede adquirir más ejemplares de esta obra en

www.joyaenelloto.com

Índice

Prólogo a la presente edición

Quiero dar especial énfasis y relevancia a trabajos como este, *Joya en el Loto: aspectos más profundos del Hinduismo*, del escritor Mumtaz Ali, libro que ahora Ud. tiene en sus manos. Este libro abre las puertas de la información tanto a quienes conocen y saben del Hinduismo como a aquellos que no tienen mayor conocimiento del tema.

La antigua filosofía de la India se hace presente en *Joya en el Loto: aspectos más profundos del Hinduismo* con sus enseñanzas y su sagrada y eterna sabiduría en un mundo agitado y globalizado, sediento de crecimiento material y desarrollo económico, pero carente de espiritualidad.

El Hinduismo es un proceso de crecimiento espiritual, cuya creencia fundamental es vivir y dejar vivir. La tolerancia y la solidaridad, piezas esenciales del Hinduismo, nos señalan el verdadero camino, el cual es aceptar toda sabiduría sin importar la fuente de donde provenga siempre y cuando esta sabiduría nutra nuestro interior y nuestro espíritu de amor y bondad. No habrá distinciones de ningún tipo en el reino de nuestra alma si esta sabiduría proviene de Dios.

Sri Mumtaz Ali también es conocido como Mumtaz Bhai y M, y muchos de sus discípulos y seguidores se refieren a él cariñosamente como *Guruji*. Por muchas décadas hemos visto como se ha dedicado a hacer grandes cosas por la comunidad. Hoy en día le vemos dirigir un sobresaliente y excepcional instituto educacional en Andhra Pradesh, India, el cual tuve la fortuna de poder visitar.

Tener la oportunidad de conocer gente de tal riqueza espiritual es siempre una gran bendición, es más, me siento bendecido por haber tenido la suerte de conocerlo: cada vez que tengo la oportunidad de encontrarme con él aprendo cosas nuevas.

Estoy plenamente convencido de que tan excepcional libro contará con una gran acogida, ya que enriquecerá al lector y le preparará para enfrentar las realidades mundanas del mundo en que vivimos.

Pradeep K. Kapur
Embajador de la India en Chile
Santiago, 5 de Enero de 2010

Prólogo a la edición original

El Hinduismo es un edificio esplendoroso y multifacético, que contiene y refleja un interminable despliegue de posibilidades para el crecimiento espiritual y para la integración. Basado esencialmente en las enseñanzas sublimes de los *Upanishads*, el secreto de la continua vitalidad del Hinduismo, a través de los largos y sinuosos corredores del tiempo, a pesar de las reiteradas invasiones y de la represión, yace en su capacidad para la reinterpretación creativa. De hecho, la historia completa del Hinduismo puede verse como una serie de desafíos y de respuestas creativas, como un proceso que continúa hasta el día de hoy. Es mi convicción que, en la emergente sociedad global, los principios universales del Hinduismo se están volviendo cada vez más relevantes mientras nos lanzamos precipitadamente al tercer milenio D.C., montados sobre la irreversible flecha del tiempo.

Dejando las formulaciones teóricas a un lado, el Hinduismo implica transitar un camino espiritual, y los hay muchos. Son estos senderos individuales, que implican una interacción creativa entre el *gurú* y el discípulo, los que proveen la circulación de la sangre vital del Hinduismo y lo hacen un vehículo poderoso para el crecimiento interior y para la realización espiritual. En este contexto, la experiencia de individuos que han surcado el camino es de gran valor.

El presente libro, *Joya en el Loto, aspectos más profundos del Hinduismo,* gira en torno a la experiencia de vida y a las enseñanzas de Mumtaz Ali, mejor conocido como M. Algunos pueden encontrar sorprendente que una persona nacida en una familia Musulmana llegue a tener una comprensión y una experiencia tan profundas en la tradición hindú, pero el camino espiritual real no conoce fronteras de raza o religión, sexo o credo, idioma o nacionalidad. Y los místicos de todas las grandes religiones del mundo –los *Rishis,* los *Sidas,* los *Tirthankaras,* los *Bodhisattvas,* los *Sufis,* los *Gurús* y los Santos, todos han iluminado una u otra faceta del inmensurable resplandor de lo Divino.

He tenido la oportunidad de conocer a M desde hace algunos años, hemos conversado en varias ocasiones, incluso en un seminario de tres días acerca del *Kena Upanishad.* Él combina una excelente comprensión de las enseñanzas de los *Upanishads* con un profundo entendimiento del corazón mismo de la tradición espiritual basado en sus extraordinarias experiencias. Estoy seguro de que este libro, en el que trata algunos de los aspectos más profundos del Hinduismo, va a ser de gran interés para los estudiantes de religión contemporánea, como así también para los buscadores espirituales alrededor del mundo.

Dr. Karan Singh[1]

Vijaya Sashmi, 11 de Octubre de 1997

---

[1] Karan Singh fue príncipe y gobernador de Kashmir a una edad muy temprana. Fue Ministro del Gobierno de India en el gabinete de Indira Gandhi. Ocupó diversos cargos públicos, entre ellos Ministro de Educación y Cultura y Embajador de la India en EEUU. Fue rector de prestigiosas Universidades. Actualmente es miembro del parlamento en India. Es un gran erudito en escrituras hindúes, escritor y un prominente patrocinador del diálogo inter-religioso. Es un respetado orador en filosofía hindú y una personalidad reconocida internacionalmente.

Nota del traductor

La presente obra consta de una compilación de transcripciones de conferencias brindadas por el autor, trabajos previamente publicados por él y ensayos inéditos. Esta versión en español se encuentra enriquecida con numerosos comentarios y notas aclaratorias elaboradas especialmente por el autor para esta edición. La intención es que la obra sea accesible a un público muy amplio. Los novatos no familiarizados con ciertos términos o conceptos encontrarán las debidas aclaraciones y explicaciones. Los conocedores del tema podrán enriquecerse con diferentes perspectivas.

El lector encontrará numerosos términos en sánscrito a lo largo del texto, que es un idioma milenario de la India en el que se encuentran todas las escrituras sagradas. El sánscrito es un idioma con una naturaleza extremadamente rica y compleja, tal es así que hay muchas palabras en sánscrito que no tienen una equivalencia uno a uno en inglés o español. Es más, a veces la misma palabra o la misma expresión, tienen diferentes significados en diferentes contextos. Por eso es que los términos en sánscrito fueron dejados en ese idioma y son debidamente aclarados y explicados a lo largo del texto. También se incluyó, al final de esta edición, un glosario para comodidad del lector.

El traductor agradece las invalorables sugerencias y correcciones literarias realizadas por el Dr. Alejandro Castiglione y la Prof. Nora Balat, así como también el apoyo de familiares y amigos en las distintas etapas de este proyecto. También agradece la colaboración de Carla Marzocca, quien diseñó la tapa de esta edición junto con diverso material de promoción. Agradece a S.E. Pradeep K. Kapur, Embajador de la India en Chile, por su sentido prólogo a esta edición y por su apoyo incondicional a la presentación de esta obra en Argentina y Chile. Agradece a la Universidad del Salvador, en particular al Lic. Eduardo Suarez y la Prof. Luisa Rosell, Directora de la Escuela de Estudios Orientales, y a la Embajada de la India en Argentina por su apoyo a la presentación de este libro en Buenos Aires. Y por supuesto, agradece el apoyo y la confianza del autor, para hacer que su obra sea accesible a un amplio público de habla hispana.

Federico Grandi. Buenos Aires, 2 de Enero de 2010

Capítulo 1
La mística de M, una reseña

"El *Gurú*[1] *Maharaj* había puesto a dormir a muchas almas agitadas. Miles de personas lo habían escuchado y habían encontrado gran paz en un mundo desgarrado por la tensión y por los conflictos. Él había dado conferencias durante años acerca de cómo relajar el cuerpo y la mente sin el uso de drogas. Pero nadie sabía acerca de la cantidad de noches de insomnio que él hubiese tenido que pasar de no ser por el gran salvador de la humanidad: la píldora para dormir. Cinco minutos después de vaciar un vaso de agua para tragar las píldoras, él estaba bien dormido, gozosa y profundamente dormido, la cosa más cercana al *nirvana*[2]."

Así termina la historia "El Salvador", publicada hace algunos años en la edición dominical de un diario de la India. La historia trata de un supuesto hombre Santo, muy venerado y celebrado, que ha sido "el salvador" de muchos que acudieron a él en masa a pedirle socorro, y paradójicamente donde él lo encuentra. Puede parecer un comentario irónico o una sátira acerca de los tan promocionados supuestos *gurúes* de hoy en día. El mismo puede haber surgido solo de la lapicera virulenta de un escéptico, dispuesto a desprestigiar la espiritualidad, o de un discípulo descontento de un determinado *gurú*.

Pero el escritor no cae en ninguna de las dos categorías. Él es Mumtaz Ali, popularmente conocido como M, que ha sido un buscador espiritual desde su infancia, y que ha pasado la mayor parte de sus 47 años de vida, hasta ahora, con muchos Maestros espirituales genuinos. En su propio derecho ha sido, desde hace algunos años, el guía espiritual para un número cada vez mayor de personas a quienes él estima como amigos y no como devotos o discípulos crédulos.

---

[1] *Gurú* es una palabra sargada que denota un Maestro espiritual y guía. Deriva de *gu-* escondido u oscuro- y *ru* –significando *rudra*, destructor. *Gurú* puede ser traducido entonces como 'Destructor de la oscuridad'.
[2] Extinción absoluta del sufrimiento. Liberación del sufrimiento.

Considerando que esta historia fue escrita muchos años antes de que él se embarcara en la presente misión de compartir sus experiencias espirituales y su sabiduría con otros, ¿no se arrepiente o se retracta de haber escrito esa historia con su propio puño?

Definitivamente no. Si en aquel entonces se burlaba de la cultura del *gurú*, continúa haciéndolo hoy en día. Pero sus comentarios incisivos no son contra todos los *gurús*. El solo advierte acerca del cumplimiento de la Ley de Gresham ("El dinero malo expulsa al dinero bueno") en el campo espiritual: los *gurús* falsos que día a día superan en número a los genuinos.

Ahora podemos formular una pregunta: ¿Quién es Mumtaz Ali para juzgar la autenticidad o la falsedad de un *gurú* y, aunque en términos generales tenga razón, cuál es su procedencia, cuál es su trayectoria? La respuesta se puede encontrar en la siguiente reseña de su vida.

¿Es él un *gurú*, un Sabio, un Maestro realizado, un filósofo? ¿Ninguno de estos, o una feliz combinación de todos ellos? Pregúntale a él y, como respuesta, obtendrás: "Decide por ti mismo quién debo ser yo para ti", acompañado por una ambivalente encogida de hombros y una sonrisa que te desarma.

Quizás, una vaga clave acerca de quién se considera pueda ser inferida a partir de las siguientes líneas del *Rig Veda*[3], que él promueve con entusiasmo:

La fuente a partir de la cual este universo ha surgido

y si es que fue creado o es no-creado,

solo Él lo sabe desde los más altos cielos quien Reina,

el Señor que todo lo ve -¿o es que él no lo sabe?[4]

---

[3] Los *Vedas* son un vasto cuerpo de literatura que forman parte de la base del Hinduismo. Este tema es tratado en el **Capítulo 4: La esencia del Hinduismo.**

[4] El *Rig Veda* por Keegi.

Mumtaz Ali dice: "Hay que admitir que este himno *védico*[5] intenta llegar a las vertiginosas alturas de la filosofía especulativa. Pero la mente de su autor, a diferencia de la de los discípulos débiles y enceguecidos por la fe de muchos supuestos *gurús* u hombres-Dios de hoy en día (que demandan absoluta entrega de todas las facultades intelectuales y críticas), está plagada de dudas y de escepticismo –las más esenciales cualidades que cualquier verdadero buscador de la verdad, que cualquier investigador científico, sin importar en qué campo, debe poseer".

Como esta apreciación tácita del himno sugiere, él es un buscador que no quiere sacrificar las facultades intelectuales y críticas en su búsqueda espiritual. Ni tampoco es un iconoclasta al estilo de J. Krishnamurti, como juzgan inicialmente algunos que conocen a Mumtaz Ali. Esa opinión sería infundada e injusta para ambos. A diferencia de J. Krishnamurti, Mumtaz Ali ha validado, por su propia experiencia, la fe en la sabiduría espiritual de todas las escrituras. Pero esto no se debe a la autoridad sacrosanta que se les asigna, sino a la experiencia personal y a la comprensión acerca de esa sabiduría, lograda a partir de años de prácticas espirituales. La aceptación y la propagación de la sabiduría espiritual va de la mano con su reconocimiento de la figura del *gurú*, una visión totalmente opuesta a la de Krishnamurti.

Si es que se lo puede comparar con alguien, solo puede ser, de manera muy aproximada, con un miembro de la secta Hasídica[II6]. Como ellos, él también cree que, por virtud de haber estado peregrinando más tempranamente que sus contemporáneos en el denso bosque espiritual, puede ser capaz de guiar a otros –señalando un matorral por aquí, un pantano por allá- para evitar las trampas desconocidas que impiden el viaje hacia la clara luz de la sabiduría espiritual. Como él mismo dice, también puede mostrar el camino que ha encontrado para él mismo de manera intuitiva y a través de la experiencia. No más. El resto, el objetivo final, depende del

---

[5] Proveniente de o relacionado con los *Vedas*.
[6] Una secta judía de alrededor del siglo III antes de Cristo que aún existe en una forma modificada.

buscador[7]. Todo lo que él puede hacer es mostrar al ser humano como realmente es y ayudarlo a desarrollar su ser interior, su Ser real, su parte permanente.

En general, cualquier aproximación convencional para intentar encasillarlo en un estereotipo es inútil. Si los símbolos externos, por sí solos, fuesen suficientes para evaluar a una persona, entonces puede ser descripto como un padre de familia bastante acomodado, propietario de un automóvil y una casa decorosa, esposo de una maestra, con dos hijos, sofisticadamente moderno en apariencia y en comportamiento, con cabello canoso bien arreglado, cara bien afeitada, y que viste de acuerdo a las convenciones socialmente aceptadas –en síntesis, un hombre que tiene *savoir vivre,* "saber vivir". Y por último, un musulmán de nacimiento que se siente en casa tanto con el *Korán* como con las escrituras hindúes o con la Biblia.

Pero ninguna de estas cosas, ni individualmente ni en su conjunto, lo destacan de otros. Ni siquiera sus profundos conocimientos acerca de escrituras diferentes de las de su propia tradición lo hacen único (la erudición en escrituras sagradas es bastante común), pues hay muchas otras personas de diferentes creencias que son igual o aún más eruditas que él.

Entonces, ¿adónde está la diferencia? Quizás la única expresión que se acerque a la descripción de su carisma sea la francesa *je ne sais quoi,* "un algo indefinible". Dicho esto, uno da marcha atrás en cuanto a continuar la exploración del halo de misterio que rodea a Mumtaz Ali, o M, como él prefiere que lo llamen. Si es que en esta preferencia hay un intento de emular a Franz Kafka, cuyo protagonista K en la novela *El Proceso* es tan anónimo y misterioso como para derrotar a cualquier encasillamiento determinista, esto no está en el racional consciente de M. Ni tampoco se está apropiando para sí la fama del gran cronista de la vida de *Sri Ramakrishna Paramahamsa,* también conocido como M. Ni tampoco es un deseo de renunciar a su nombre, Mumtaz. Su elección es otra forma de modestia que exhibe en sus varias y discretas acciones. "Cuando me llaman M, olivido a mi ego e inmediatamente recuerdo a mi

---

[7] Dondequiera que se use el pronombre **Él** u otras formas masculinas en este libro es solo por una conveniencia lingüística. No se está promoviendo ningún tipo de discriminación sexual.

Maestro", explica M . Haciendo una parodia de la fama de "Una rosa es una rosa", de Gertrude Stein: M es M, y es con esa letra con la que nos referiremos a él durante el resto de este breve bosquejo.

M nació en una familia musulmana Deccani moderadamente próspera y educada en la capital de Kerala, Thiruvananthapuram, al sudoeste de India. Tuvo una niñez normal junto a sus dos hermanas, más jóvenes que él.

Como a cualquier otro niño de su edad, le encantaba escuchar historias, y su abuela satisfacía este gusto. Como es de esperar de una devota musulmana, las historias que le contaba eran del Profeta Mahoma y de los Santos de esa religión. Como no dio signos de precocidad, ni espiritual ni intelectual, nadie puede decir qué impacto tuvieron estas historias en él. Ni siquiera M lo puede decir. No obstante, según lo probarían los hechos que sucederían a continuación, deben de haber dejado una marca, aunque sea subliminalmente, en su joven e impresionable mente. Sea cual fuere el motivo, él se transformó en el receptáculo adecuado (*upadhi*) para una inmediata experiencia que tendría la importancia de una epifanía.

M tenía ocho años de edad para ese entonces. Él había vuelto a su casa por la tarde, luego de jugar. Estaba en el patio trasero preparándose para limpiar sus ropas y su cuerpo antes de entrar en la casa. Los destellos dorados del sol salpicaban el atardecer con figuras y sombras que cambiaban velozmente. Sus ojos observaban el interesante claroscuro con deleite infantil. Pronto, debajo de un gran árbol, sus ojos encontraron una figura más sustancial y estática que las sombras fugaces del atardecer. Su solidez lo atrajo de manera tal que hizo que no pudiera sacarle los ojos de encima. A medida que se acercaba más y más, se dio cuenta de que se trataba de un hombre de carne y hueso y no de una ilusión producto de su imaginación. El niño se quedó paralizado en el lugar, presa de una emoción, mezcla de sobrecogimiento, curiosidad y pura fascinación. ("Normalmente, siendo un niño, debería haberme asustado ante un extraño que aparecía delante de mí. Pero incomprensiblemente no fue así", recordaba M, años más tarde, cuando pensaba y hablaba acerca de esto).

El hombre, que se acercó despacio hacia el niño, vestía solo una tela de color blanco alrededor de su cintura que le llegaba hasta los tobillos (este atuendo se llama *mundu* en el idioma de esa región: *Malayalam*). Tenía el cabello largo y una barba descuidada. Tendió su mano tiernamente hacia M y le habló en *deccani urdu*, la lengua madre del pequeño : "Soy tu Maestro, aunque no nos vamos a volver a ver por mucho tiempo. Pero yo siempre estaré allí, supervisando tu crecimiento. Tú eres muy joven ahora, así que continúa con tu escuela normalmente. De tiempo en tiempo, obtendrás distintos tipos de conocimiento". Después de decirle que mantuviera estricto silencio acerca de su aparición hasta que fuera el momento oportuno de revelarlo, el extraño se fue caminando, o desapareció repentinamente. Aunque el joven cerebro del niño era incapaz de encontrarle un sentido a las palabras que escuchó o a la aparición del extraño en sí (en su ignorancia infantil, ¿cómo iba a reconocer a la persona más importante para su vida?), decidió guardar silencio acerca de este hecho. No recordaba haber hecho ningún pacto con el extraño acerca de mantener la visita en reserva, pero debido a alguna razón inexplicable quería conservarla como un preciado secreto.

Lo significativo es que su vida tomó una dirección diferente a partir de ese momento. Comenzó a ser atraído más y más hacia actividades que, considerando su edad, podrían ser etiquetadas como "desviadas" o "anormales". Externamente no parecía ser demasiado diferente de los niños de su edad, excepto por su inclinación hacia asuntos espirituales y hacia retraerse en su propio mundo interior con frecuencia.

El tiempo y los acontecimientos inevitablemente comenzaron a bajar un telón sobre aquel espectacular encuentro al atardecer. Habían pasado dos años. Y esta vez, como para refrescarle la memoria, ocurrió un incidente que fue indirectamente profético respecto de las palabras de aquel extraño. M estaba jugando a las escondidas con sus amigos, cuando de repente, sintió que su respiración se suspendía. Extrañamente esto no le causó ningún malestar, no se desesperó por el aire que le faltaba. Por el contrario, experimentó un gozo inexplicable y, después de un tiempo, su respiración volvió a la normalidad. Más tarde pudo identificar esta experiencia con el término *yogui keval kumbhak*[8]. La felicidad absoluta que experimentó por ese breve período le abrió las puertas a un mundo que él desconocía. (Luego de esta experiencia, él ha sido capaz de entrar en este estado voluntariamente con lo que denomina un 'suspiro' – ¿o será el místico *mantra*[9] de los Sufis[10] 'suff'?).

Sin que él fuese consciente de ello, su prometida 'educación' había comenzado. Se sentía cada vez más atraído por todo tipo de escrituras (su amor por ellas aún hoy continúa). También comenzó a participar de congregaciones que tenían una intención religiosa, espiritual o filosófica.

Cuando tenía alrededor de trece años, iba, algunas tardes, a la casa de un *Pillai*[11], para tomar clases particulares de matemática. Durante una de las visitas, conoció a un hombre, de unos sesenta años de edad, de apariencia venerable. A pesar de su escaso cabello canoso, signo de que ya no era ningún jovencito, era muy enérgico y conservaba la salud y la psiquis de un joven. Vestía una camiseta de mangas cortas y un típico *mundu* de Kerala, y estaba sentado con las piernas cruzadas sobre una banqueta. El aroma a incienso invadía la habitación. El hombre se dirigió a M en *malayalam*, quizás sintiendo la timidez del niño. "Ven, acércate a mí." M caminó dubitativo hacia él. Se preguntaba qué era lo que este hombre quería de él. No sabía que estaba a punto de tener otra extraña experiencia. Primero el hombre le dio unas palmaditas en la espalda y luego acarició su cuello y su cabeza como si los estuviese inspeccionando. Luego de esta extraña acción, murmuró, más para sí mismo que para M: "Umm... ¡bien! Todo estará bien en el tiempo adecuado". Incomprensible y espontáneamente, M suspendió la respiración y fue transportado, una vez más, a ese estado de gozo inenarrable. Estaba impresionado y cohibido, y sin decir una palabra a nadie, se

---

[8] *Keval kumbhak* es la detención repentina de la respiración con los pulmones llenos de aire que sucede espontáneamente en un estado de meditación profunda.

[9] Un *mantra* es una palabra o serie de palabras cargada/s de poder. Un *mantra* puede ser recitado sin conocer su significado, y aún así, uno puede beneficiarse con él.

[10] Los místicos del Islam. Generalmente no son aceptados por los musulmanes ortodoxos.

[11] Nombre de una casta en *Kerala*, al sudeste de India.

fue directo a su casa. Estaba tan alterado que ni siquiera sintió curiosidad por la identidad de aquella persona. Pero, al día siguiente, M conoció el nombre de una de las muchas almas que habría de encontrar en su viaje espiritual. Se lo conocía como el *Swami*[12] de Pujapura, porque vivía en un lugar con ese nombre, en Thiruvananthapuram. Antes que le fuera conferida la denominación reverencial, y hasta su retiro, había trabajado como un empleado administrativo en una oficina de contaduría general. En su juventud había sido iniciado en las prácticas *Vedanta*[13] por un gran Maestro. Y desde entonces, había vivido una ejemplar vida espiritual, absorto en un gozo que supera la comprensión normal, mientras cumplía con sus tareas mundanas como un hombre común y corriente. Aunque era un hogareño, era considerado como un alma realizada por cualquiera que lo conocía. El *Swami* solía conducir *satsangs*[14]a la medianoche en determinados días, a los que a veces acudía un gran *sannyasin*[15] que había renunciado hasta a su *mundu*. El *Swami* de Pujapura era solo conocido dentro de un pequeño círculo porque prohibía todo tipo de propaganda.

M fue muy afortunado en conocer al *Swami* de Pujapura, pues pronto el *Swami* falleció. Unos pocos años después, cuando M tenía alrededor de diecisiete años, se topó con una compilación de las enseñanzas del *Swami,* cortesía de un amigo, que estaba circulando privadamente. Contenía la esencia de *Vedanta* en un lenguaje muy simple.

Para ese entonces, M estaba más que convencido de que no había sido su imaginación la que había hecho aparecer al extraño delante de él hacía algunos años. ¿No fueron los hechos posteriores prueba suficiente de la autenticidad de aquella experiencia? ¿De qué manera podría uno explicar el modo como él comenzó a adquirir

---

[12] Término utilizado para referirse a hombres sagrados y *brahmins* (casta de los sacerdotes). En tiempos antiguos en India el término era utilizado por las mujeres para referirse a sus esposos. Generalmente es utilizada como una palabra que denota respeto.

[13] *Vedanta* es una de las principales escuelas de filosofía de India que trata los aspectos más profundos de conocimiento védico (proveniente de los *Vedas)*. Esto es tratado en el **Capítulo 4: La esencia del Hinduismo** y en el **Capítulo 6: La búsqueda del verdadero Ser según** *Vedanta.*

[14] Reunirse en grupo –*sanga*, para comprender la verdad –*sat.*

[15] Renunciante o monje.

conocimiento espiritual? ¿Era algo fortuito? O, arriesgando caer en la frivolidad, ¿era el caso de la montaña viniendo a Mahoma? No es que él fuera un adepto mal dispuesto, pero dadas las creencias religiosas que había heredado de su familia –no importa que tan poco ortodoxa era su familia cercana-, no le hubiese sido fácil involucrarse en actividades que, ciertamente, lo hubiesen etiquetado como un apóstata (Curiosamente, él aprendió acerca del *yoga*[16] de un libro que su padre había pedido prestado a un amigo. Este libro era *Light on Yoga – Luz sobre el Yoga*, de B.K.S. Iyengar).

La aventura espiritual de M no fue algo simplemente intelectual. Fue rigurosamente entrenado en *ashtanga yoga*[17] por un Maestro de renombre cerca de donde él vivía, Sri Sharma. Un *tantrico*[18] lo instruyó en ciertos *mantras* y le prestó el libro *El poder de la serpiente* de Arthur Avalon (también conocido como Sir John Woodroff). También leyó el libro del Swami Chinmayananda *Japa Yoga*[19] y *Gayatri* y comenzó a recitar el *Gayatri Mantra*[20] regularmente. Su apetito por el conocimiento era voraz. Se hizo

---

[16] *Yoga* es una de las principales escuelas de filosofía de India cuyo fundador se cree fue Patanjali. Aquel que practica las enseñanzas de *yoga* es llamado *yogui*.

[17] *Ashtanga yoga* es el *yoga* de ocho partes o miembros: *yama* y *niyama* (reglas y regulaciones), *asanas* (posturas físicas), *pranayama* (control de las energías vitales), *pratyahara* (retirar la mente de los objectos sensorios), *dharana* (concentración, atención dirigida a un punto u objeto), *dhyana* (proceso contínuo de *dharana* durante un prolongado período de tiempo: meditación), *samadhi* (la culminación del yoga, que es la experiencia del estado superconsciente, la absorción en la Realidad Absoluta).

[18] *Tántrico* es todo aquello relacionado con el *tantra*. *Tantra* es una escuela de pensamiento y práctica en India que cree que es posible ir mas allá de las experiencias sensorias luego de involucrarse, hasta cierto punto, en prácticas sensuales. Básicamente está relacionada con despertar la *kundalini* (*kundalini* es tratada en detalle en el **Capítulo 9: Ideas falsas acerca de Kundalini**). Generalmente es asociada con magia negra y otras prácticas oscuras, lo cuál es una interpretación errónea de *tantra*.

[19] *Japa yoga* es un tipo de *yoga* que le da más importancia a la práctica del *japa* (recitar o salmodiar un nombre sagrado o *mantra* con el propósito de la meditación.)

[20] El *Gayatri mantra* es tratado en detalle en el **Capítulo 8: El Gayatri mantra.**

amigo del bibliotecario de la Biblioteca Pública de Thiruvananthapuram, y esto lo ayudó a mantener un constante abastecimiento de libros. Libros, libros y más libros. Los devoraba todos: los *Upanishads*[21], los diferentes *Gitas*[22], textos de *Yoga* y *Vedanta*. Su lectura tuvo una recompensa adicional: descubrió que el *sánscrito*[23] no era muy difícil de aprender, y lo aprendió. Era algo necesario para comprender de primera mano las escrituras hindúes.

No obstante, no limitó su búsqueda a los libros ni a las prácticas sin ayuda. Suficientemente temprano, se dio cuenta de que no había sustituto alguno que pudiese reemplazar el aprender de los Maestros vivos. Por debajo de esta realización debe de haber habido un sentimiento incipiente. Una profecía se debía cumplir. ¿No le había dicho aquel extraño bajo el árbol que se encontrarían nuevamente? Quizás haya sido la esperanza de encontrarlo otra vez lo que lo impulsó a conocer a muchos líderes espirituales de aquella época. ¿Quién sabía en qué forma el extraño se dignaría a encontrarlo de nuevo?

Uno de los Maestros que él conoció fue el Swami Tapasyananda, un discípulo directo del Swami Shivananda[24] (este último también conocido como Mahapurushji Maharaj[25]). Después este Swami fue el director de la *Misión Ramakrishna*[26], en Thiruvananthapuram. Poco tiempo más tarde, conoció al Swami Chempazhanti. Por ese entonces, M estaba entre la primera tanda de estudiantes de la primera escuela que los jesuitas habían fundado en Sreekaryam en Thiruvananthapuram: el **Loyola Junior College**. El Swami vivía en una aldea a unos pocos kilómetros de distancia de Sreekaryam: Chempazhanti, el lugar de nacimiento de Sri Narayana Gurú, el gran Santo reformador de Kerala. Antes que la gente lo empezara a reconocer como un Santo, el Swami Chempazhanti era el

---

[21] Los *Upanishads* son los cuestionamientos filosóficos que forman parte de los *Vedas*.

[22] Escritura que se encuentra en formato de himno o canción.

[23] Idioma ancestral de India utilizado en todas las escrituras.

[24] *Swami Shivananda* fue discípulo directo de *Ramakrishna Paramahansa* (No confundirlo con el *Swami Sivananda*).

[25] Rey. También utilizado como título para un hombre sagrado porque ha conquistado la mente.

[26] Organización religiosa mundial creada por *Swami Vivekananda* en nombre de su gran Maestro *Ramakrishna Paramahansa*.

propietario de un salón de té. Era un gran devoto de *Sri Rama*[27], y la creencia local era que él emulaba al Dios mono, *Hanuman*[28], pues por mucho tiempo, vivió de nueces y de otras frutas, entre los árboles.

Cuando M conoció al Swami Chempazhanti, éste residía en Chenkottukonam, cerca de Chempazhanti. Era escuálido, débil y parecía extremadamente delicado. Una sonrisa cautivante adornaba su cara, coronada por una mata de pelo enrulado. El Swami tomó una pizca de ceniza y la pasó por la frente de M. Luego le pidió que abriese la boca. Sorprendido, M abrió su boca, y el Swami puso en ella un par de uvas, diciendo: "Necesita madurar, madurará. Aprende *bajhans*[29]". La trascendencia de la frase lo impactó. Se sentó ante la sagrada presencia por unos momentos y, antes de dejar el lugar en paz, meditó.

Por aquellos días, M tenía un amigo *Brahmin*[30] muy cercano, cuyo padre era un ferviente devoto de Sai Baba de Shirdi[31]. Una día, M vio una foto de Baba en la casa de su amigo y surgió en él un irresistible impulso de querer conocer más acerca de la vida de Baba. Eso era todo lo que necesitaba, el impulso. Al día siguiente, un abogado amigo del padre de su amigo, le prestó una copia del libro de Narasimhaswami **La vida de Sai Baba de Shirdi**. De la

---

[27] *Sri Rama* fue una de las encarnaciones en la tierra de *Vishnu* (en el panteón Hindú, *Brahma* es el creador, *Vishnu* es quien preserva o mantiene lo creado y *Shiva* es el destructor de lo creado, permitiendo entonces la transformación y regeneración de la creación. La trinidad *Brahma, Vishnu, Shiva* se conoce como *trimurti*, y representa diferentes aspectos del Ser Supremo). La historia de *Sri Rama* es narrada en la gran épica Hindú **Ramayana**.

[28] *Hanuman* era el devoto más cercano a *Sri Rama*. Es un Dios mono famoso por sus proezas extraordinarias.

[29] Canciones devocionales.

[30] Perteneciente a la casta de los sacerdotes o intelectuales en India

[31] *Sai Baba de Shirdi* fue un gran místico y Santo que vivió en *Shirdi*, en el estado de *Maharastra*, India. Se dice que realizó muchos milagros. Tenía la apariencia de un *fakir* musulmán, pero era adorado y venerado por los hindúes, incluso por los *Brahmins* ortodoxos. Se desconoce su fecha de nacimiento, falleció en 1918 (no confundir con *Sathya Sai Baba*).

misma fuente consiguió **Sai Sat Charita**[32]. Inevitablemente, M fue atraído hacia la vida y hacia las enseñanzas del gran *fakir*[33].

Una vez que el adepto está listo, las cosas comienzan a suceder. La vida de M es un excelente ejemplo de esta verdad.

Un amigo que era estudiante de medicina, y que hoy es neurocirujano, le contó acerca de una mujer *avadhunta*[34] llamada Maayi Ma. Ella vivía en las playas de Kanyakumari, en el extremo sur de la India. Nadie sabía de dónde era ni qué idioma hablaba. Los locales pensaban que ella tenía más de cien años. La curiosidad, matizada con el fervor espiritual, hizo que M se acercara a ella. Partió solo, y llegó en micro a Kanyakumari, que no está muy lejos de Thiruvananthapuram. Ahora el problema era encontrar a Maayi Ma. "¿Dónde busco a alguien que no tiene un lugar de residencia permanente?" se preguntaba M, cuando un joven se le acercó y le dijo: "Si quieres conocer a Maayi Ma, ella está cerca de la entrada del Templo Devi, en la playa". M fue rápidamente hacia el lugar indicado, trepando por una pared y corriendo por la playa rocosa. Y allí estaba ella: una mujer que aparentaba unos sesenta años y que estaba completamente desnuda. Sus rasgos parecían bengalíes. Estaba sentada sobre una roca, rodeada de perros callejeros que parecían formar un anillo de seguridad a su alrededor. Los perros gruñeron cuando él se les acercó. Se detuvo. Maayi Ma lo miró, y una sonrisa beatífica transformó su rostro. Sus ojos centellearon con una luz eternamente joven. Le indicó a M que se le acercara, quitó a los perros del camino retándolos en un idioma que sonaba como el bengalí. Los perros fueron sentándose a la distancia, pero mantenían un ojo sobre el extraño.

M se sentó sobre una roca. Ella miró el racimo de bananas que llevaba con él y le dijo algo en aquella lengua extraña que M no comprendió. Quizás, le estaba pidiendo las bananas. De cualquier modo, él las había comprado para ella y se las ofreció. Tomó algunas y se las arrojó a los perros, comió dos ella misma y devolvió el resto a M. Él no estaba seguro acerca del protocolo espiritual que

---

[32] Auténtica biografía de *Sai Baba de Shirdi*, originalmente en *Maharati*, el idioma local donde el gran Santo vivía.

[33] Hombre sagrado que voluntariamente vive en la pobreza.

[34] Ser sagrado que ha roto con todas las convenciones y no puede pertencer a ningún orden establecido.

debía observar con alguien así. Todo lo que se le ocurrió fue sentarse allí con los ojos cerrados e intentar sintonizarse con aquella extraña alma y con su atmósfera. Él nunca supo cuánto tiempo estuvo allí sentado. Cuando abrió los ojos, ella todavía estaba allí y, una vez más, le concedió una sonrisa aún más brillante que la anterior. Esta vez dijo: "Jao, jao, Theek..." Las últimas palabras fueron un murmullo incomprensible. Cuando los *paramahansas*[35] te dicen que te retires, no tienes nada más que hacer allí. M no tenía duda acerca de su auténtica identidad, aunque toda la evidencia externa indicaba lo contrario. Normalmente, su apariencia la condenaría a un manicomio pero la propia evolución espiritual de M lo ayudó a intuir su grandeza. Luego de postrarse ante ella, M regresó a Thiruvananthapuram.

A la mañana siguiente, descubrió, mediante otra extraña experiencia, que su intuición no lo había traicionado.

Luego de largas horas de meditación la noche anterior, M estaba durmiendo tarde, entrada la mañana. Fue entonces cuando tuvo un sueño extraordinario y vívido. Soñó que era un mendigo con el cabello apelmazado. Vestido solo con un *kaupin*[36], estaba sentado en *padmasana*[37] meditando debajo de un árbol justo en el medio de un cruce de cuatro senderos. Alrededor había una densa selva. Un tenue sonido lo distrajo en su meditación. Abrió los ojos y vio a Maayi Ma, esta vez crecida en proporciones amazónicas. Caminaba hacia él con un bastón en la mano, y le pedía algo de comer. Él tomó un par de granos de arroz, que tenía escondidos en la cabellera, y se los dio. "¿Tú también estás hambriento?" le preguntó. Cuando M le contestó afirmativamente, ella le dijo: "No precisas esto. Tu hambre es por algo diferente".

De repente, ella presionó en medio de la frente de M con lo que él sintió que era su pulgar. Un océano de gozo absoluto fluyó a través

---

[35] Gran Santo que está mas allá de toda restricción de credo y casta. Deriva del mítico cisne blanco –*hamsa*-, que se dice que cuando se le da de beber agua mezclada con leche es capaz de beber la leche y dejar el agua.

[36] Ropa interior India generalmente utilizada por los *sadhus* (hombre sagrado que hace voto de pobreza y deambula de sitio en sitio).

[37] Posición de loto (sentado con la espalda recta y las piernas cruzadas como generalmente se muestra a Buddha).

de él, desde su coronilla hasta las plantas de los pies. Cada célula de su ser vibraba con él.

Se despertó, o, mejor dicho, fluyó hacia un estado de vigilia sin que el gozo etéreo lo abandonara. Se sentó lentamente y estiró las piernas. Caminó hacia el baño sintiendo que flotaba en el aire, ni siquiera percibía el movimiento de sus extremidades. Después de un tiempo retomó el control de su cuerpo y de su mente. El flujo de gozo no dejaba de borbotear en la esencia de su ser. Desde entonces, ese gozo indescriptible pasó a formar parte de él, por momentos más intenso, por momentos menos, pero siempre presente.

Son muchos los Maestros con quienes se cruzó M en el camino, pero ninguno tan extraño como Kaladi Mastaan, una gema entre los Sufis. M ya había adquirido algo de conocimiento acerca del Sufismo (por cierto, uno de sus tíos abuelos era un Sufi muy conocido). Él solía asistir a diferentes reuniones de grupos Sufis de distintas escuelas. Fue en una de esas reuniones cuando escuchó hablar acerca de Kaladi Mastaan. Le dijeron que el Mastaan vivía desnudo en una playa cerca de Bimapalli, en Thiruvananthapuram. Allí se dirigió M.

Cuando M lo vio por primera vez, el Mastaan estaba sosteniendo una taza de té en su mano. Muy tranquilo, ni se daba cuenta de las miradas burlonas de quienes pasaban por allí. Le sonrió a M y le ofreció la taza después de tomar un sorbo. Luego dijo: "Gran ladrón ha venido a robar el tesoro. Llévatelo, llévatelo legítimamente". Luego de un prolongado silencio encendió un cigarrillo y, tras un par de grandes pitadas, se lo dio a M indicándole que fumara. M fumó. Luego el Mastaan se lo quitó para fumárselo hasta el final. M se sentó delante de él y meditó. Al rato fue sacudido de su meditación cuando una lluvia de arena cayó sobre su cabeza. El causante de la atrocidad no había sido otro que el mismo Mastaan. Lo que hubiese sido considerado un acto propio de un loco por otros – en aquella zona el Mastaan era considerado un loco por los no iniciados – M lo tomó como una bendición. Y no estaba lejos de la verdad. Aquel acto loco del Maastan hizo que se limpiasen los conductos para su crecimiento espiritual.

Aunque el Masstan dejó su cuerpo hace mucho tiempo, muchos visitan su tumba hasta el día de hoy.

Otro personaje extraño con el que M se encontró fue el Swami Poonthara. Él no vivía muy lejos del lugar del Mastaan. Por sus extraños modos de actuar, también era considerado un loco por el público en general. Pero M suponía que el Swami debería estar "intoxicado de Dios". Y, como era de esperar, fue a visitarlo. Esta vez, la bendición vino en forma de una patada en el pecho. Esa patada limpió el pasaje por el que circula la poderosa energía[38]. Más adelante, cuando M fue a buscarlo para agradecerle, había desaparecido.

Mientras M estaba intentando encontrar al Swami Poonthara, un hombre de apariencia impactante, que decía ser el discípulo más cercano al Swami, intentó pegársele. Pero este charlatán no logró engañar a M ni por un instante, ya que él podía leerlo como a un libro abierto. Por el contrario, le enseñó el desagradable hecho de que en el camino espiritual andan merodeando muchas aves de rapiña listas para abalanzarse sobre los desprevenidos y los crédulos. M no se cansa de reiterarlo, pues esto no debe detener al buscador espiritual genuino.

Cuando M tenía veinte años, mientras otros de su edad se encontraban (y se encuentran) corriendo detrás de la prosperidad y del éxito, el decidió ir a los Himalayas, un lugar considerado *de rigor* en el itinerario de cualquier buscador espiritual. (Las palabras *de rigor* se encuentran destacadas intencionalmente para marcar el hecho de que los lugares, por sí solos, no importa que tan espirituales sean, no serían suficientes sin aquel profundo deseo de realizar la Verdad Primordial). Camino a Hardwar (en los Himalayas), pasó algún tiempo en la Sociedad Teosófica de Chennai, como quien vacila a orillas de un lago en una mañana de invierno antes de zambullirse. Cuando llegó a Hardwar su billetera se encontraba vacía, pero él no se desconcertó por el inconveniente. Decidió arreglárselas por si mismo. Pudo haber escrito a su casa pidiendo dinero, pero no lo hizo. No fue el orgullo lo que lo detuvo,

---

[38] A veces la transmisión de energías espirituales (que conducen a una experiencia espiritual) de un Maestro a un discípulo adecuado es realizada mediante un golpe, como en este caso. El "pasaje", en términos yoguis, se denomina *susumna nadi* y la "poderosa energía" es *kundalini* (esto es tratado en el **Capítulo 3: Así habló el Maestro** y el **Capítulo 9: Ideas falsas acerca de Kundalini**).

sino el evitar que supieran dónde estaba, lo que hubiese hecho que lo llevasen de regreso a casa inmediatamente. Además, para ese entonces, había desarrollado una extraña e inquebrantable fe en los poderes benéficos del cosmos para proveerle lo estrictamente esencial para vivir, si es que estaba destinado a vivir. (Luego quedó claro que su fe o su confianza no estaba para nada equivocada).

Y así comenzó su vida como mendicante, a lo que desde ningún punto de vista se podría llamar una vida fácil. Pasó por tiempos muy duros, en los que tan solo ahorraba para pasar pequeños períodos de "lujo", en un catre de madera en un *choultry*[39], y con unas pocas comidas adecuadas. Pero nada podía sofocar el fuego de su determinación. Él vería su viaje hasta el final.

Atravesó la mayor parte de aquella región de los Himalayas a pie: Rishikesh, Uttarakashi, Gangotri, Yamunotri, Kedar vía Buda Kedar, Badrinath y, de regreso, a Rishikesh. Siempre que tenía oportunidad se quedaba en diferentes *ashrams*[40] por pequeños o más prolongados períodos de tiempo y hacía buen uso de estos descansos de su peregrinaje estudiando, meditando, aprendiendo. Conoció muchos *sadhus*[41] y *sannyasins* interesantes, de diferentes confesiones, entre ellos, algunos hombres notables que habían logrado grandes realizaciones espirituales. Mediante su propia experiencia concluyó que los Himalayas eran muy propicios para la meditación y la *sadhana*[42]. Quedaba encantado al contemplar los ríos sagrados. El deseo de encontrarse con el Maestro de la experiencia de su niñez (el único a quien M reconoció como su verdadero Maestro) no fue satisfecho en este viaje. Muy a su pesar, volvió a las llanuras y resolvió retomar la búsqueda del Maestro en otro próximo viaje.

¿Y ahora qué? Él no estaba listo para volver a casa. Aún no. Se encontraba en una encrucijada. Y estaba libre para ir a cualquier sitio. Decidió ir a Mumbai, sin ninguna idea preconcebida respecto de esa ciudad comercial. En Mumbai conoció al Swami Hiranmayananda, quien era el presidente de la *Misión Ramakrishna*,

---

[39] Habitación para huéspedes generalmente adosada a los templos en India.
[40] Sitio destinado a retiros espirituales.
[41] Hombre sagrado que hace voto de pobreza y deambula de sitio en sitio.
[42] Disciplina espiritual.

en Khar. M le pidió al Swami que lo iniciara en la Orden como *brahmachari*[43]. Fue aceptado a prueba. Mientras estaba allí, mantuvo su origen musulmán en secreto. No estaba recurriendo a subterfugios, pues sabía que la *Misión Ramakrishna* no tenía nada en contra de los musulmanes ni de otra persona de otra religión que se quisiera unir a la Orden. Él, de alguna manera, sentía que podía llegar a ser beneficiado por discriminación favorable, si revelaba su identidad.

La disciplina en la Misión lo ayudó de gran manera. Aprendió mucho sin impedimentos ni obstáculos. Leyó la mayor parte de la literatura de Sri Ramakrishna y de Vivekananda[44] y conoció a algunos de los inquebrantables bastiones de la Orden, como Swami Ranganathananda y Swami Tapasyananda. (Muchos años después de haber dejado la Orden Ramakrishna, el mismo Swami Tapasyananda lo inició en el Ramakrishna *mantra*.)

Estuvo con la Misión durante tres años, pero las ansias de conocer más el mundo lo invadieron nuevamente. Esta vez decidió investigar el trabajo de *Ananda Marga*[45]. Tiempo atrás, él había conocido a su fundador, Ananda Murti, también conocido como Sri P.R. Sarkar. M se unió al Centro de Entrenamiento Ananda Marga, en Benaras. Su estadía allí fue muy breve: menos de un mes.

---

[43] Derivado de 'actividad que lo lleva a uno hacia *Brahman*' (la realidad suprema, absoluta e infinita de la filosofía *vedanta*.). Célibe.

[44] *Ramakrishna* (también conocido como *Ramakrishna Paramahansa*) es un Santo muy famoso de Calcuta, al noreste de India, que vivió entre los años 1836 y 1886. Su principal discípulo fue *Swami Vivekananda* (1863-1902), quien fue el primer monje Hindú en visitar Occidente. *Swami Vivekananda* fue delegado al **Parlamento de las religiones** en Chicago en el año 1893. Sus intervenciones en el parlamento tuvieron un gran impacto y fueron ampliamente reportadas por la prensa occidental, que lo calificaron como "...indudablemente, la figura más grande en el Parlamento de las Religiones" – *The New York Herald*. Fue uno de los pioneros del trabajo social como deber religioso en la India. En nombre de su Gran Maestro *Ramakrishna Paramahansa,* creó la organización religiosa mundial **Misión Ramakrishna**, que actualmente tiene sedes en diversos países del mundo, incluyendo Latinoamérica, Norteamérica y Europa. Todas sus enseñanzas se encuentran compiladas en **Las obras completas de Swami Vivekananda.**.

[45] Organización creada por un Yogui Bengalí en la década de 1960.

Sin demasiado que hacer y sin que nadie se enterara, M se fue del Centro rumbo a los Himalayas. Tomó un tren a Hardwar y a Rishikesh. Se sentía el hijo pródigo volviendo a casa.

En Rishikesh decidió quedarse en la Sociedad Vida Divina, fundada por el médico que se volvió Santo, Swami Sivananda. Es un sitio ideal para un *sadhak*[46]. Está situado a orillas del río Ganges. En el *ashram* se enseña *Yoga* y *Vedanta*. Los Swamis más experimentados son muy serviciales y, cuando uno cuenta con tiempo libre, puede deambular y llegar a conocer *sadhus* y buscadores de diferentes sectas.

Aquella temporada de peregrinaje en los Himalayas lo encontró a M, una vez más, camino a Badrinath. Algunas veces, siguiendo el camino común de los peregrinos; otras, descubriendo su propio sendero a través del bosque, alojándose en *dharmashalas*[47] y *choultries* al costado del camino y, muchas otras, en ermitas del bosque, a la orilla de algún río. Después de muchos días llegó a Badrinath. Se las arregló para llegar al refugio de una *choultry*, para darles a sus extenuadas piernas el descanso merecido. Cuando intentó dormir, descubrió que su única frazada no era suficiente para hacerle frente al frío, pero no buscó ayuda. Las experiencias de sus viajes anteriores lo habían curado. Más aún, ¿quién se sentiría molesto por algo cuando el fuego de la espiritualidad ha quemado todos los otros deseos y las debilidades características de la carne? M se quedó dormido.

Se despertó, a la mañana siguiente, energizado y en un estado de éxtasis que lo acompañó durante toda su estadía en la región. Él dice al respecto: "La presencia de almas altamente evolucionadas es casi palpable en estas regiones. Era tan palpable, que hasta deseaba encontrarme con alguna de ellas".

Aunque M les redujo importancia a sus incomodidades físicas, éstas fueron milagrosamente aliviadas cuando llegó un *brahmachari* a quien había conocido en la Sociedad Vida Divina. Esta persona había sido un peregrino intrépido, y sus muchos peregrinajes le habían enseñado a encontrar recursos. Muy pronto le consiguió a M

---

[46] Aquel que practica una disciplina espiritual.
[47] Sitio religioso donde se proporciona comida y alojamiento sin cargo.

un *kutir*[48], un par de frazadas y hasta un tablón de madera para dormir. (Cuando M recuerda estos episodios se ríe diciendo: "Lujo cinco estrellas"). Por sobre todo, arregló con el *dharmashala* nepalí para que le diera comida. Gracias al mismo benefactor, M también conoció al *rawalji*, el sacerdote principal de Badrinath.

"Como cualquier centro de peregrinación, así es Badrinath", recuerda M. "Había toda clase de personas congregándose allí. Muchos vagabundos lo usan como lugar para ganarse la vida. Para ellos, la túnica color azafrán no es más que una licencia para mendigar. Aun algunos *sadhus*, supuestamente por encima de los vagabundos, se roban entre ellos sus *kamandalus*[49] y frazadas. *Yoguis* y *Paramahansas* genuinos también estaban en esa mezcla de gente. Algunos eran indiferentes a con quienes se juntaban. Otros, deliberadamente, se mezclaban con la muchedumbre, quizás en absoluta aceptación del mundo tal cual es".

"¿Cómo es que uno se encuentra con almas más genuinas?", se preguntaba M a sí mismo y preguntaba a los demás. Escuchó que vivían al otro lado de Narayan Parvat, pasando Badrinath. Y se dirigió hacia allí. Todo lo que tenía era su *kamandalu*, un bastón y una frazada. En su visita anterior a Badri, había avanzado alrededor de un kilómetro en dirección hacia donde se dirigía ahora. Pero el vasto territorio más allá permanecía inexplorado. Caminó a través del duro terreno, trepando empinadas montañas, para bajarlas al otro lado y trepar nuevamente. Debe de haber cubierto seis o siete kilómetros hacia la confluencia de los ríos Sarawasti y el Alaknanda, lugar llamado Keshav Prayag. Cerca de este sitio hay una caverna, acerca de la cual un *sannyasin* le había contado. Es la *Vyasa Guha*[50]. Él no podía ir más allá de la *guha* pues una extraña fuerza entorpecía sus pies y estos lo paralizaban en el lugar. Primero pensó que esa sensación se debía a que sus piernas estaban extenuadas, pero descubrió que no era así, ya que todo su ser se vio envuelto por un gozo indescriptible. Suficiente. Esta era la señal y él lo sabía. Entró en la caverna. Adentro hacía frío. Despacio exploró

---

[48] Pequeña choza o cabaña donde viven hombres sagrados, generalmente solos y aislados.

[49] Recipiente utilizado por ascetas errantes y hombres sagrados para llevar agua, alimentos, etc.

[50] En esta caverna se cree que el gran *rishi* Vyasa compiló los *vedas*.

su entorno. Los picos vecinos cubiertos de nieve irradiaban una luz incandescente más allá de ella. Una tranquilizadora calma descendió sobre él. Colocando su frazada sobre el piso, se sentó en *padmasana* y entró en un profundo estado de meditación.

El tiempo pareció detenerse. Él no supo cuánto permaneció allí meditando. Todo lo que sabe es que él había llegado por la tarde, y cuando abrió los ojos, esta se había transformado en anochecer y en oscuridad. Mientras parpadeaba y gradualmente se acostumbraba a la oscuridad, vio, delante de él, a alguien que era un personaje reconocido en los recovecos de su memoria. Sin duda se trataba de aquel ser que había visto solo un vez en el patio trasero de su casa, cuando era un niño, pero cuya guía había sentido durante toda su vida. Para M era más que un padre, una madre, una amada, y en ese momento lo reconoció como su guía, su Maestro.

El tiempo no había producido ningún cambio en su apariencia. Él se mostraba tal cual era cuando M lo había visto por primera vez. Un hombre de tez muy blanca, con cabello ondulado y casi lampiño. Sonrió, y su sonrisa transportó a M a otro mundo. Comenzó a reír sin motivo y casi histéricamente, sus ojos se llenaron de lágrimas. Aún hoy en día M no puede recordar aquella experiencia sin que le den escalofríos de júbilo.

"Nada de histeria", dijo la voz calma del Maestro, esta vez no en *deccani urdu* sino en inglés. Le dio unas palmadas a M en la espalda. Vuelto a la normalidad, M tocó los pies de su 'Maestro.

El Maestro se sentó a su lado. Conversaron largamente entrada la noche y hasta el amanecer. El Maestro le revelaba la Verdad que había realizado, y el discípulo clarificaba sus dudas. Cuando salió el sol, lo que fue demasiado pronto para M, el Maestro lo bendijo y lo despidió, y M se fué de la caverna. Pero no fue una despedida precipitada. El Maestro prometió guiar a M constantemente y aparecer en momentos y en lugares oportunos en el futuro. (El **Capítulo 3: Así habló el Maestro** es un relato personal de M de uno de esos encuentros.)

La frase "Cuando el buscador esté listo, también lo estará el Maestro" ya no era ahora una verdad de perogrullo para M. ¿No habían sido todos estos años de inquietante e indómita búsqueda una preparación para este glorioso encuentro con su único Maestro?

Luego de otro encuentro, M se quedó con su Maestro deambulando por los Himalayas durante tres años y medio. Él fue completamente transformado, sabía que su vida ya no volvería a ser la misma. Un cambio perdurable tuvo lugar en su conciencia. Y se hubiese quedado con su Maestro con gusto durante mucho más tiempo. (No era una entrega servil e inconsciente. Si era una entrega, se trataba de una entrega aprobada a conciencia por sus facultades críticas).

Pero su Maestro lo desvió de aquel propósito. Le recomendó volver a la llanura, y unirse a la muchedumbre humana. Estaría en el mundo pero no pertenecería a él y no perdería la experiencia del GOZO, que habría de ser suya para siempre.

Una nueva fase de su vida comenzaba. Continuó viajando, aunque ya no eran los viajes de un trotamundos sin rumbo. Se adhirió estrictamente a los consejos de su Maestro de mirar al mundo bien de cerca, sin enceguecerse por el brillo de los placeres transitorios. Trabajó por un período como periodista, lo que lo puso en contacto con muchas personas eminentes. (Pasó un año en las islas Andamans como editor residente de un diario). Escribió comentarios políticos, historias cortas y artículos sobre temas variados. Luego pasó a ser miembro del Consejo de Administración de la **Fundación Krishnamurti**, dos años antes del fallecimiento de J. Krishnamurti.

Su asociación con J. Krishnamurti no fue accidental. Su Maestro le había dicho que debía conocer a este Sabio poco convencional. M había escuchado conferencias de Krishnamurti en Chennai y en otros sitios y había leído la mayor parte de sus libros. Cuando finalmente lo conoció en las oficinas centrales de la Fundación, en Chennai, M no ignoraba al conocido iconoclasta. Con él tuvo una discusión en privado que duró alrededor de media hora. Como resultado, M se quedó en la Fundación con la entusiasta aprobación del mismo J. Krishnamurti. M adhería estrictamente al consejo de su Maestro, y la asociación con él iba a ser parte de su proceso de aprendizaje.

Podría haber usado la cercanía a Krishnamurti para su engrandecimiento personal, pero no lo hizo. Era una asociación de entendimiento mutuo y de amor. Conservó el puesto en el Consejo de Administración y decidió renunciar tres años después de la muerte de Krishnamurti. Su Maestro le había dicho que

Krishnamurti iba a ser el último de los muchos Maestros con quien él estaría.

Fue en la Fundación donde conoció a Sunanda, una *Saraswat Brahmin* cuya familia es de Udipi. M recuerda siempre las palabras de su Maestro: "Está en el mundo pero no pertenezcas al mundo". Para estar en el mundo, uno debe cumplir las tareas hogareñas también. M se casó con Sunanda. El matrimonio continúa felizmente unido y tienen un hijo y una hija.

Una vez casados y fuera de la Fundación, él y su esposa crearon y administraron una escuela gratuita para la gente pobre y retrasada de Rayalpad, una pequeña aldea en Karnataka, al sudoeste de India. Bajo los auspicios de la Fundación, la escuela funcionó por más de nueve años. En ese tiempo, M era buscado por muchos como guía para el viaje espiritual, y comenzó a sentir que era una tarea pesada manejar la escuela y, a la vez, atender las necesidades de sus amigos buscadores espirituales. Debía tomar una decisión y se encontraba frente a un dilema. Pero no por mucho tiempo. Su Maestro, como siempre, vino a ayudarlo –su fuerte en este mundo estaba decidido. M dejó la escuela, después de hacer los arreglos pertinentes para entregársela a una nueva administración.

Desde entonces ha permanecido como un faro para muchos que han estado deambulando en un estado de oscuridad espiritual. Hoy es un orador bienvenido en muchos foros en la India y en otros países tanto de oriente como occidente, aunque él prefiere tener pequeños grupos de "amigos" (como el los llama) con quienes compartir su sabiduría y experiencia. Con esto en vista, y alentado con entusiasmo por sus amigos, ha creado la **Fundación Satsang**, cuyo objetivo es actuar como un punto de encuentro para buscadores espirituales de todas las creencias. Esta puede ser la función o el objetivo principal, pero M destaca otra, igualmente importante para la Fundación: la de tender una mano para ayudar a los menos privilegiados de nuestra sociedad. Como él enfatiza, si la espiritualidad no está respaldada por *seva*, el servicio desinteresado, es un fracaso interior. Llevando sus ideas a la práctica, M bajo su propia iniciativa y con dinero prestado por bancos y la colaboración desinteresada de algunos amigos, construyó dos modestas escuelas gratuitas para niños pobres cerca de su residencia en Madanapalle, en Andhra Pradesh (al sudeste de India). También en las escuelas se llevan adelante iniciativas de autoempleo y micro-emprendimientos para las mujeres y ancianas más relegadas de las aldeas y pueblos vecinos.

Con todas estas actividades, como guía espiritual, como un hombre de familia, como un activista del desarrollo social, ¿ha florecido ya todo su potencial, espiritual o de cualquier otro tipo? Aquellos que lo conocen contestarían afirmativamente, pero no M. No es solo la modestia lo que le hace quitar importancia al merecido respeto y a la consideración de sus numerosos amigos y conocidos. Él cree en el potencial infinito del hombre. Es esta creencia la que lo impulsó hacia otra área: el arte –pintura, canto, música y escritura. M es un artista autodidacta, con logros por encima del promedio, y su primera exhibición pública de pinturas y de dibujos fue todo un éxito. De un modo, él desmiente el dicho de Joe Erdman: "El camino del místico y el camino del artista están relacionados, excepto que el místico no tiene el oficio." Este místico, si es que lo podemos llamar así, tiene el oficio, el noble oficio de vivir la vida a pleno.

Si este breve esbozo no le hace completa justicia a M - algo que a él no le importa – puede agregarse, finalmente, que su vida hace eco a las palabras de Dante: "El propósito de todo (el trabajo) es conducir a aquellos que están viviendo esta vida en un estado de desdicha hacia un estado de gozo".

Capítulo 2
Hacia una gloria más grande y una vida más feliz

Introducción

¡Sí, Dios existe! Y si esto suena como una estupidez repudiada por los intelectuales y en la que los tontos creen (¡Dios los bendiga!), yo te digo : "¡Aguarda!"

No dejes que la arrogancia intelectual destruya tu ser. Piensa cuidadosamente, porque estás siendo simplemente prejuicioso. El que cree en Dios es tan prejuicioso como el ateo, pues ambos niegan o afirman sin la debida indagación. Sería mejor si dijeras: "Voy a averiguarlo". ¿No es esa la actitud correcta, la mejor forma de enfrentarlo?

¿Es que este maravilloso y complejo mundo apareció por accidente? ¿O hay una Inteligencia Suprema detrás de todo acontecimiento, por más que sus planes y sus motivos sean muy difíciles de comprender por nuestro limitado intelecto?

Por otro lado, ¿crees que el mundo que te es revelado a través de los sentidos es un mundo real, sólido y sustancial? Pregúntale al físico. Él te dirá : "Todo es simple vibración; partículas o cargas en constante movimiento o simplemente ondas de diferentes frecuencias que cambian continuamente. Tu mundo tridimensional es en gran parte una interpretación de tus sentidos y de tu mente". ¿Y tú?

Tú eres la conciencia que es testigo de toda la obra, observas entretenidamente cómo el ego juega sus juegos, utiliza diferentes máscaras en diferentes momentos y termina identificándose a sí mismo con el papel que está interpretando. En realidad eres esa bendita conciencia siempre gozosa, inalterable.

Por lo tanto, entra. Atraviesa la puerta que se abre ante el camino que ha sido trillado por buscadores durante miles de años.

No abandones el océano infinito de bienaventuranza y de felicidad que no conoce fin y que se encuentra al final del camino. Algunos lo llaman "Dios". Algunos "Verdad", y otros "El Vacío", pues no se puede describir con palabras o gestos.

Es mas precioso que cualquier cosa que puedas concebir con tu mente y ¡Oh, qué afortunado eres de que esta perla invaluable no se encuentre lejos, en algún lugar inaccesible del mundo o escondido en las oscuras entrañas de la Tierra! Está mas cerca de ti que tu propia vena yugular. Es esa Bienaventuranza Suprema en la que los Sabios de antaño se embebían y que luego los hacía bailar en éxtasis. Es tu puro "Ser".

¿Es que tú, ignorando este gran tesoro, vas a jugar con simples baratijas? Ese ser lleno de gozo que brilla a través de cada corazón es a quien el ser humano busca por todos los sitios, excepto dentro de sí mismo. Así como el ciervo almizclero, desconociendo que lleva la hermosa fragancia de almizcle debajo de su propia cola, busca desesperadamente la fuente de la fragancia por todo el bosque metiendo su hocico entre arbustos de grandes espinas y en peligrosas cuevas de serpiente, los seres humanos buscan interminablemente la felicidad, confundiendo el placer - ese pequeño intervalo entre dos períodos de sufrimiento o de dolor - con la cosa verdadera.

Pero la dichosa sorpresa está justo aquí, tan simple y clara. No es necesario que te afeites la cabeza o uses una túnica de color naranja o que abandones todo aquello querido por ti. ¡No señor! Puedes vivir en este mundo y realizar tus tareas, ganarte la vida, cuidar a todos aquellos que necesitan de tu ayuda, desparramar la fragancia del amor y el servicio y, aún así, recordar mantenerte en contacto con tu verdadero Ser, la chispa del gran fuego, la gota del gran océano, meditando regularmente de manera tal que, en el impecable espejo de tu corazón, brille el reflejo de la Divinidad. Entonces, desde tu corazón, procederán los serenos rayos del espíritu y llenarán otros corazones de Bienaventuranza.

Primero, el Señor puede darte lo que quieras, si lo pides con todo tu corazón. Luego, descubrirás qué es lo que verdaderamente necesitas, y lo buscarás, y Él, seguramente, te lo concederá.

"Pide y se te dará," dijo un gran Maestro, "Busca y encontrarás. Golpea y se abrirá ante ti."

Por supuesto, el Maestro prueba nuestra paciencia. Entonces, golpea persistentemente pero espera con paciencia. Es así como tu corazón se llenará de suprema bienaventuranza, y tú trabajarás para el bien de la Humanidad.

Los dolores, las tristezas, las desgracias, las preocupaciones y las ansiedades de este mundo están allí con certeza. ¿Pero quién no las tiene?. Ahora tú, el viajero en el camino, deberías saber que esas son lecciones para ti, y que cada vez que superas un obstáculo, el camino se hace más suave y fácil. Y no cabe duda de que los superarás.

Entonces, no dejes que nada se interponga entre ti y la copa que rebalsa de vino, que está tan cerca y lejos a la vez. Vacía la copa y declara: "No hay sino Una, la dichosa Verdad. Nada más existe".

Párate con firmeza en el camino. No tengas miedo. La ausencia de miedo es algo cercano a "La Verdad".

El Camino

¿Hay un camino hacia la bienaventuranza divina? ¿Hay solo un camino o hay varios? Así como existen muchos seres humanos en este mundo, también existen muchos caminos. No hay una única fórmula mágica o rito esotérico que lo transforme a uno instantáneamente. La perfección suprema no puede ser comprada en la librería ni puede ser obtenida sobornando al *gurú* o a Dios. Esos son trucos que utilizas en tu vida diaria. No tienen aplicación cuando se trata del Ser Supremo. Si alguien promete la salvación inmediata, ten cuidado, estás a punto de ser engañado. Si alguien te garantiza que te va a guiar hacia la Bienaventuranza Suprema en una determinada cantidad de días, otra vez ponte en guardia. Ningún ser humano puede asegurar eso; solo Dios puede.

Entonces hay diferentes caminos que dependen del tipo de discípulo, del tipo de *gurú*, de las circunstancias especiales, y de otros factores externos e internos. Un Maestro puede ser adecuado para cierto tipo de discípulo pero no así para otro. Los Maestros genuinos saben esto. Una vez en mil años aparece un gran Maestro que puede guiar a uno a través de todos o cualquiera de los caminos. Esto es algo que ocurre muy rara vez.

No obstante, hay ciertos factores esenciales en un viaje espiritual que pueden aplicarse a todos los caminos:

1) El aspirante es sincero en su búsqueda.

2) Ha entendido (en teoría) qué es lo que está buscando, o para decirlo de otra forma, sabe lo que **no** está buscando.

3) Está preparado para escuchar y para aprender sin prejuicios.

4) Está preparado para nadar en contra de la corriente.

5) Está preparado para practicar regular y aplicadamente.

6) Es paciente.

Al decir que el aspirante es sincero, quiero decir que no está fingiendo, por diversas razones, ser un hombre religioso. Está listo para hablar la verdad y para aprender la verdad. No hace alarde de su inclinación religiosa cambiando su vestimenta o sobreestimando su capacidad de renuncia, huyendo hacia algún sitio y aislándose de su entorno. Semejantes acciones huelen a hipocresía y terminan confundiendo y desconcertando a su propio ser y, también, a los demás.

Es verdad, el renunciante es un ser altamente evolucionado. Pero la verdadera renuncia es rara y no es broma.

Por otra parte, uno puede vivir en el mundo sin dejarse aturdir por él. Este tipo de personas son las que hoy se necesitan. ¡Que se incremente el número de estos aspirantes! ¡Que pensamientos nobles vengan a nosotros desde todos lados!

Ahora, ¿qué es lo que está buscando el aspirante sincero? ¿Por qué lo está haciendo? ¿No son los placeres de los sentidos suficientes para él, rodeado como está por todos los lujos de este mundo?

Mirando a su alrededor en todas direcciones, mientras aún juega su papel en el drama de este mundo, el aspirante sagaz ve lo efímero de los placeres mundanos.

En la loca carrera hacia la realización de sus deseos, el hombre no se detiene a considerar cómo los placeres son seguidos por el dolor. Tampoco se detiene a observar cómo, logre lo que lograse, siempre existe el deseo de querer más. El hambre y la sed sin fin, la ambición que nunca cesa hasta que la muerte, con su soplido final, anula todo aquello que había sido tan querido por él, y finaliza la carrera con una total extinción.

Y la muerte no es algo lejano. Vive con nosotros. ¿No es la muerte nuestra constante compañera? ¡Qué terrible sería si las cosas no muriesen, si durasen para siempre!. Gracias a que la muerte destruye lo viejo, lo nuevo puede nacer. Y este proceso se repite una y otra vez.

De hecho, a cada segundo (o a cada fracción de segundo) el presente muere y se convierte en pasado para que un nuevo presente pueda nacer. La muerte es parte de la vida. ¿No morimos cada día, cada segundo, tan pronto como el momento presente se transforma en pasado y se convierte en una cosa muerta almacenada en la memoria ?

Pregúntale al biólogo, y él te dirá que millones de células mueren cada día, cada minuto, para ser reemplazadas por nuevas. Y aun así, cuando la muerte golpea al individuo, generalmente lo toma por sorpresa. Nadie sabe cuándo va a venir, y al ser humano le gusta creer que va a ser dentro de mucho, mucho tiempo.

Mirando, observando todo esto cuidadosamente, el buscador empieza a preguntarse: "¿qué es lo que estoy buscando?" Busco felicidad, y el dolor asoma su desagradable cabeza. Obtengo lo que deseo, y luego viene el miedo a perderlo, o a que alguien me lo quite, o a que la muerte me lo arrebate. Veo la hermosa luna, y el tiempo, el gran arrebatador, me la quita y me deja solo con su imagen, que no dejo de anhelar.

Construyo, y la naturaleza destruye porque tiene sus propios planes de construcción. El palacio de hoy son las ruinas del mañana. ¿Dónde está la permanencia que estoy buscando? ¿Donde está la verdadera felicidad, dónde el gozo supremo?

Pregúntale al Maestro :"Experimentas felicidad cuando entras en contacto con los objetos del mundo. Pero esa felicidad reside en tu corazón, ¿no es así?".

El hecho de disfrutar, la felicidad, ¿tiene lugar en el objeto o en ti mismo? Toda felicidad emerge desde dentro de tu propio ser, mi querido amigo. El reservorio de toda felicidad, la esencia de toda bienaventuranza, está en tu propio corazón, en el núcleo de tu propio ser.

Los *rishis*[1] , los místicos, los Santos, todos han encontrado la forma de acceder a esa fuente de felicidad interna incesante sin tener que recurrir a objetos externos.

Esta fuente de gozo absoluto es tu "Ser" real, tu real existencia. Búscalo con la ayuda de tu Maestro. De hecho, eres "eso" y, cuando lo descubras, te darás una idea de lo que es el Ser Supremo, Dios todopoderoso.

Este "Ser" tuyo es siempre libre, siempre bienaventurado. No está ni jamás estuvo confinado, entonces no tiene sentido liberarlo. Siempre es libre. Se manifiesta a sí mismo como el "yo", la conciencia, el "yo" que existe eternamente en el estado de vigilia, el estado de sueño y en el sueño profundo. Es el "testigo" de todos los estados de conciencia. Este es el "Tú" real, el glorioso y bienaventurado "Ser". La mente toma prestado el "yo" de él y, equivocadamente, se siente confinada e intenta liberarse.

Eres eternamente libre. Eres existencia - conciencia - bienaventuranza, incapaz de ser contaminada por aquello que sucede en el mundo relativo. Eres libre. Remueve la ilusión de que estás confinado y regocíjate en la libertad y en la Bienaventuranza absolutas.

No necesitas hacer nada para ser libre cuando ya eres libre. Entonces relájate, siéntate y reflexiona con firmeza acerca de esta verdad hasta que tu mente se calme, el falso movimiento cese y tu "Ser" brille con toda su gloria, reflejando la majestuosidad del "Ser Supremo", Dios.

Pero, ¡ay!, la mente no se calma tan fácilmente. Por eso te daré una técnica simple descubierta por los antiguos *rishis*. No tienes que escaparte a las cuevas para practicarla. Practica en tu propia casa, en medio de lo agitado de tu vida cotidiana. Practica tres veces por día, o al menos una.

¡Recuerda! No hay ninguna técnica para alcanzar la "Verdad" porque tú mismo eres la "Verdad". Las técnicas están para apaciguar la mente de manera tal que comprenda la verdad de que ella misma no puede alcanzar al "Ser". Cuando está perfectamente calma, el

---

[1] Sabios.

"Ser" - el siempre bienaventurado "Ser" - brilla por sí mismo en su esplendor.

Comienza a practicar de inmediato y sé libre. No esperes, porque cada segundo perdido es realmente una gran pérdida.

La Práctica (*Abhyasa*)

Encuentra un rincón silencioso donde puedas sentarte tranquilamente sin ser molestado al menos durante diez minutos cada día, preferentemente dos veces: al amanecer y al atardecer; o, al menos, una vez al día. Asegúrate de que haya suficiente ventilación para permitir que entre aire fresco. Habiendo elegido el sitio, no lo cambies regularmente.

Esto tiene sus ventajas. Las vibraciones propicias para la meditación del lugar donde practicas se van incrementando a medida que pasan los días hasta que son capaces de influir en tu mente en el momento en que te sientas a practicar.

Este es el motivo por el cual muchos meditadores prefieren utilizar una pequeña habitación o un altar, especiales para el propósito de la meditación. Por supuesto, esto es lo mejor que puedes hacer, pero si te es difícil disponer de una habitación exclusiva para la meditación, puedes utilizar cualquier rincón silencioso, como mencioné anteriormente. Hasta tu cama podría funcionar, pero ten cuidado. Como la cama es para dormir, la sutil influencia del sueño puede afectarte y, tan pronto como tu mente comience a calmarse, quizás te quedes dormido. Esta ha sido la experiencia de muchos meditadores, excepto los más avanzados, que pueden meditar hasta en medio del bullicio de una gran ciudad.

También es aconsejable tener un conjunto de ropa limpia, holgada y confortable para ser destinada especialmente a la meditación.

Aunque todo lo mencionado es ideal, no debes preocuparte demasiado acerca de los detalles mientras puedas sentarte sin ser molestado en un lugar silencioso, bajo techo o al aire libre, y practiques tu meditación.

Lava las manos, la cara y los pies antes de sentarte confortablemente. Mira hacia cualquier dirección cardinal que quieras pero trata de mantener esa dirección todos los días.

Primero, agradece al Señor por la comida y por el refugio con los que fuiste provisto. Después, si tu ventana tiene vista a un río o lago o a un bosque o a un jardín, mira detenidamente la belleza de la naturaleza. Respira profundamente unas pocas veces, como si estuvieses llenando tus pulmones con el esplendor y con la vitalidad de la naturaleza.

Después, disemina mentalmente tu amor hacia toda la creación prestando especial atención a aquellos quienes se suponen son tus enemigos. Piensa que con cada inhalación estás llenando tu ser con amor y que con cada exhalación lo estás compartiendo con otros.

Ahora, si quieres, antes de comenzar con la práctica propiamente dicha, puedes hacer tus oraciones, rituales, las que te hayan sido enseñadas anteriormente. Los hindúes pueden practicar *sandhya vandana*[2] o simplemente recitar el maravilloso *Gayatri Mantra*[3]. Los musulmanes pueden practicar su *Namaz*, un excelente ejercicio espiritual. Los cristianos pueden recitar sus oraciones como el "Sermón del monte" o el "Padre Nuestro", los budistas pueden recitar el "Joya en el Loto" ; los Sikhs, su *Satnam*, y así sucesivamente.

Cuando finalices con esto, siéntate en una posición confortable, relajada pero firme. *Sukhasana* (sentarte con las piernas cruzadas como uno hace cuando come[4]) está bien, o si tienes el entrenamiento suficiente, *Padmasana* o la posición del loto como generalmente es representado Buddha, es ideal. Sentarte sobre los talones, con la cabeza inclinada hacia adelante y el mentón presionando la parte superior del pecho (*bandha*), como se sientan los musulmanes para rezar - la posición egipcia -, también es adecuada. La idea principal es mantener la espina dorsal recta y no sufrir dolor o incomodidad.

Aquellos que no puedan sentarse en ninguna de estas posiciones pueden sentarse sobre un almohadón o en una silla. Es una tontería intentar sentarse en posiciones difíciles que resulten incómodas en

---

[2] Ejercicios espirituales y oraciones realizadas durante el amanecer y atardecer.

[3] Ver **Capítulo 8: El Gayatri Mantra.**

[4] N.de T.: Se refiere a la típica posición adoptada en India para comer, que es sentado sobre el suelo con las piernas cruzadas.

un principio. Cuando hay dolor, la mente se queda ocupada en él y se rehúsa a ascender a estados más elevados. Entonces siéntate confortablemente, pero no tanto como para quedarte dormido.

Inhala profunda y conscientemente unas pocas veces. Relájate, porque la concentración y la meditación llegan con la relajación, y no con la tensión. Después comienza a recitar cualquiera de los *mantras* conocidos que hayas aprendido. *Om Namashivaya* es bueno, también lo son *Om Sri Ram Jai Ram* o *Hare Krishna* o *Allah-hu* o simplemente *hu* u *Om*. La idea es que sea conciso, no largo y pesado. Si así lo deseas, puedo darte un *mantra*: "So Ham", que quiere decir "Eso soy yo".

Ahora lo importante es combinar la recitación del *mantra* con tu respiración. No recites en voz alta, recita mentalmente. Cuando inhales, recita "So" y cuando exhales, recita "Ham". Recita nueve rondas. Una inhalación y una exhalación hacen una ronda.

Esto es muy importante: abandona la idea de controlar tu respiración conscientemente. En lugar de hacerlo, deja que las inhalaciones y las exhalaciones sigan su propio ritmo. Tú simplemente, observa las inhalaciones y las exhalaciones silenciosamente y mientras, continúa recitando "*So Ham*" mentalmente acoplándolo a cada inhalación y a cada exhalación natural.

Ahora, fija tu concentración en un punto justo debajo de tu corazón en el centro de tu pecho o en el entrecejo. Pellizca suavemente una vez el punto que hayas elegido para ayudarte a mantener la concentración allí. Visualiza una llama plateada, radiante como la luna, brillando en el punto seleccionado. O visualiza una hermosa rosa, o una flor de loto o una estrella. Pero mantén un símbolo y un punto. No estés cambiándolos todo el tiempo. Personalmente sugiero una flor de loto radiante en el corazón, pero te dejo a ti que decidas.

Mientras observas tu respiración silenciosamente recitando "*So Ham*", notarás que su ritmo aminora considerablemente y que cierta paz y tranquilidad comienzan a emerger y a envolver todo tu ser. Muy a menudo, en esta etapa, sientes la necesidad de dar un suspiro profundo. El suspiro indica que tu psiquis está comenzando a relajarse y a asentarse.

Los grandes *rishis* descubrieron el secreto del *pranayama*[5] cuando encontraron que un ritmo respiratorio calmo y lento siempre está acompañado por una mente tranquila, y que un ritmo respiratorio rápido indica tensión y agitación. Puedes descubrir esto por ti mismo, si observas tu ritmo respiratorio y tu mente en diversas circunstancias. Esto es el verdadero *pranayama*, no mantener la respiración forzadamente lo que puede causar hemorragias internas o cosas aún peores.

Mientras observas tranquilamente la respiración, el ritmo respiratorio se hará tan lento y suave que apenas podrás notarlo. Entonces deja de observar la respiración y fija la atención solo en la flor de loto que florece en tu corazón, o en el símbolo que hayas elegido, en el punto elegido. Abandona incluso el "*So Ham*". Solo siéntate allí, y siente la bienaventurada presencia del Señor, que es bienaventuranza en sí misma, llenando tu corazón con el néctar de la felicidad. Tú mismo eres esa felicidad.

Si continúas con tus prácticas diariamente (y con la ayuda del Maestro que seguramente estará allí), entrarás a esferas más sutiles de conciencia y de gozo. Verás luces y escucharás música celestial y serás testigo de maravillas, pero no te detengas. Estas son simples señales y, a veces, tentaciones. Mantén la marcha hacia adelante, serenamente hasta que te encuentres cara a cara con la "Presencia", que está adentro, y no muy lejos.

Por momentos, la respiración puede cesar completamente por unos instantes. Esto se llama *keval kumbhak*. Pero hay un *keval kumbhak* más grande, en el cual cesan todos los pensamientos. No hay pensamientos entrantes ni salientes. Solo está el "Testigo Único y Puro" al que nada lo afecta, *Satchitananda*[6], observando todo el drama.

Por supuesto, al principio, los pensamientos llegarán a tu mente, a veces en torrentes, pero no te preocupes. No trates de deshacerte de

---

[5] Control de la respiración que conduce al control de la fuerza vital – *prana*.
[6] Palabra que denota al Supremo *Brahman* (la realidad suprema, absoluta e infinita de la filosofía *Vedanta*). Está formada por tres palabras: *Sat*- verdad, *Chit*- consciencia, *Ananda*- gozo supremo.

ellos. Obsérvalos con tranquilidad, como lo harías con un niño travieso, y se apaciguarán y desaparecerán.

Los pensamientos son como ondas que perturban la calma superficie de la mente y tergiversan los reflejos. Cuando desaparecen, la superficie se vuelve limpia, y el imperturbable reflejo de "El Sagrado" se vislumbra, aunque sea brevemente.

Lo importante es que entiendas que eres realmente el siempre libre, radiante y dichoso ser y que te sientes silenciosamente a meditar. Todo lo demás es basura y no puede hacerte daño de ninguna manera. "Medita y descubre esto," decían los *rishis* de antaño.

Cuando te levantes de tus meditaciones diarias, agradece a todo y a todos con absoluta humildad.

Beneficios

¿Qué beneficios recibe uno con la práctica de la técnica descripta anteriormente?

Pronto comenzarás a sentir la levedad del cuerpo y de la mente. Te sentirás menos tenso, menos agitado y, en las tareas de la vida diaria, más eficiente. La medicina moderna ha descubierto que muchas enfermedades físicas comienzan con el estrés mental. Estarás a salvo de ellas por la relajada condición mental que serás capaz de inducir diariamente. Como una mente libre de tensión puede pensar con más claridad y sin confusión, verás que tu proceso de pensamiento comienza a optimizarse.

Es verdad, la suciedad y la basura que has acumulado en el pasado a veces vendrán a la superficie, pero no te preocupes. Así es como te deshaces de ella.

También comenzarás a experimentar un nuevo sentimiento de amor y de compasión desinteresados hacia otros seres vivos. Desde los centros más bajos[7], la emoción ascenderá al centro del corazón y cuando encuentres algo hermoso, sea una flor brillante o una

---

[7] N. de T.: Cuando habla de "centro" o "centros" en este contexto, se está refiriendo a los *chakras*. Ver **Capítulo 2: Así habló el Maestro** y **Capítulo 9: Ideas falsas acerca de kundalini**.

adorable montaña o un árbol viejo y solitario, tu corazón se estremecerá con la bienaventuranza divina.

Pero todas estas cosas son beneficios marginales. El objetivo verdadero aún no se ha alcanzado. No debes confundir la técnica con el objetivo. Continúa meditando más y más profundamente, hasta que tu mente quede desnuda y encuentres tu propio y querido "Ser", el radiante inmaculado, indestructible "Ser". La pura conciencia, la pura bienaventuranza. Que el Maestro te guíe en esta aventura suprema.

Complementos

¿Es suficiente meditar dos veces o cinco veces por día?

No exactamente. Desde tiempos inmemorables los Sabios y los profetas han formulado las reglas de conducta que una persona religiosa debería practicar. Se puede prescindir de los rituales y de las ceremonias, si se los encuentra innecesarios y engorrosos, pero las reglas de conducta deben ser estudiadas cuidadosamente y adoptadas tanto como sea posible porque, practicándolas, la capacidad de meditar mejorará.

A continuación están los *yamas*, los debo, y los *niyamas*, los no debo, comunes a todos los aspirantes sin que importe a que religión pertenezcan:

- No robes.
- No mates.
- No mientas.
- No seas violento.
- No cometas adulterio.
- No utilices intoxicantes.
- Come con moderación, no comas en exceso.
- Reza o medita diariamente; si es posible, dos veces al día.
- Trata a tus padres y Maestros con respeto.
- Lleva una vida simple.

- Haz algún servicio a otros seres humanos.

Notarás que todos estos preceptos, si son practicados, seguramente conducen hacia la paz, hacia la tranquilidad.

Si robas, siempre tendrás el miedo de ser atrapado, tarde o temprano. ¿Cómo puede semejante mente estar en calma y meditativa?

Si matas, sabrás que es posible que tú seas matado por alguien también. Toda la cultura de la violencia, donde los enemigos se matan unos a otros es, simplemente, el síntoma de una enfermedad que reside profundamente dentro de cada individuo. Creemos que estamos corriendo una carrera, entonces surge el deseo de matar a nuestros contrincantes para poder ganar. Pocos hacen la pausa para reflexionar acerca de que toda felicidad y toda satisfacción residen dentro del corazón y no fuera de él. El mismo Ser dichoso que está en ti, está en mí, y uno solo tiene que meditar y que vivir en paz para contactarlo. Entonces, ¿qué carrera hay que correr? ¿A quién hay que matar para ganarla?

Si mientes una vez, probablemente tengas que mentir una y otra vez para proteger la mentira original, y así continúa el proceso convirtiéndose en un círculo vicioso. Muy pronto habrás tejido una red de mentiras y tendrás miedo de que se rompa, por lo que elaborarás más mentiras para prevenirlo. Pronto, hasta comenzarás a creer en tus propias mentiras.

¿Cómo es posible que esas personas tengan paz en la mente? Entonces, arroja todas estas cosas por la borda y lleva una vida simple, transparente y llena de paz y de tranquilidad. Los pequeños inconvenientes que puedes vivir debido a esto no son nada al lado de lo que ganas.

Vamos a ver ahora el tema del adulterio. El progreso espiritual está relacionado con el ascenso de la mente a estados más sutiles y elevados de conciencia. Los estados menos sutiles se manifiestan como hambre y sexo. Estas son necesidades perfectamente legítimas de cualquier ser humano. No obstante, le prestamos demasiada atención al sexo, porque nos proporciona el máximo placer que normalmente podamos concebir y, por unos instantes, hasta hace que nos olvidemos de nosotros mismos.

A medida que uno se va aproximando a esferas más sutiles, la conciencia debe ser transferida desde el centro más bajo de la satisfacción sexual hasta los centros más elevados de la satisfacción espiritual. Esto no puede llevarse a cabo si la mente está siempre centrada en actividades relacionadas con el sexo. Por esto se hace énfasis en la moderación de la actividad sexual. Además, la persona ideal no va por la vida teniendo sexo a toda hora, en cualquier circunstancia, para convertirse en presa de enfermedades venéreas o de SIDA o de otras enfermedades físicas o mentales, todo en nombre de la libertad. Uno gradualmente se deshace de la obsesión sexual sublimando las energías sexuales en emociones más elevadas, que hacen que la conciencia ascienda a estados más grandiosos y altos de existencia. En los centros superiores, como el centro del corazón por ejemplo, se disfruta de un gozo que es mil veces más poderoso que el simple placer sexual. Por eso, el *yogui* avanzado no tiene necesidad de disfrutar del sexo tal como se lo entiende comúnmente.

Muy relacionada con el sexo está la comida. La mejor manera de controlar una mente descarriada es un ayuno ocasional. El *yogui,* un practicante de ejercicios espirituales, necesita moderar todas las actividades para ser capaz de progresar en su esfuerzo. Recuerda, **moderación** es la palabra clave.

El *Gita*[8] lo relata sucintamente: "Este *yoga* no es para aquel que come mucho o poco, que duerme mucho o poco". Eso lo resume. Mientras que es verdad que la comida vegetariana es favorable para la meditación, especialmente al comienzo, también es verdad que la comida vegetariana puede hacerse tan pesada y tan condimentada que puede causar letargo, un seguro obstáculo para lograr estados meditativos. Hay personas que comen de más y dicen que está bien, mientras sea comida vegetariana. No cabe duda de que comer de más es un acto *tamásico*, no uno *sátvico*[9].

---

[8] *Gita* quiere decir himno o canción. Utilizada popularmente, como en este caso, se refiere específicamente al *Bhagavad Gita* – 'La canción del Señor'.

[9] Lo *tamásico* representa la inercia, lo holgazán, la ignorancia, la oscuridad. Lo *sátvico* representa el equilibrio perfecto, la paz, el bien. Un

No te obsesiones con aquello que comes y aquello que no comes - una actitud a la que Swami Vivekananda llamó "la religión de la cocina". Come aquello que es nutritivo, lo que tu cuerpo necesita. Consulta a un médico, si es necesario, pero come con moderación. Si ves a alguien comiendo comida que no es de tu agrado, no te imagines que es una persona ignorante o que no desarrolló su espiritualidad. Recuerda que Swami Vivekananda comía carne y que al gran Santo Ramakrishna le encantaba el pescado. Por supuesto, esto no quiere decir que deberías comer carne o pescado porque ellos lo hacían. Usa tu sentido común.

Ser vegetariano, separado de otros factores, puede que no sea el signo de un Santo. Hitler era un vegetariano puro. Ni siquiera comía huevos, ¿pero era un Santo?¿ Cuántos miles de judíos envió a las cámaras de gas?

En cuanto a los intoxicantes, uno no tiene que ser extraordinariamente inteligente para entender por qué se recomienda abstenerse de ellos. Cualquier cosa que haga que uno se comporte desequilibradamente, que le haga perder el sentido de la proporción y la capacidad de discernir debe ser abandonada.

Tu razón es un instrumento muy importante y un intoxicante la destruye gradualmente, además de causar dolencias físicas, alcoholismo u otras formas de adicción. El bebedor habitual, o quien abusa de las drogas, sobreestima sus habilidades y comete errores. Muchos accidentes son el resultado de ebrios al volante. La falsa sensación de euforia y de protagonismo inducida por el alcohol o por las drogas es seguida de la depresión. Pregúntale al adicto por sus espantosas resacas y por sus síndromes de abstinencia. A pesar de ellas, espera ansiosamente su próximo viaje. Adicción es esclavitud, mental y física, sea alcohol o sean drogas. No obstante, las drogas son más peligrosas porque pueden causar daño permanente al cerebro.

Alguien puede decir: "Está bien, ¿pero tenemos que cortar con todo aquello que disfrutamos en nuestras vidas? Si no bebemos ocasionalmente ¿cómo vamos a escapar de las penas y de las

---

tercer grupo de características es conocido como lo *rajásico*, representando la acción y la actividad. Estos son los tres atributos de la naturaleza (*tamas, sattva y rajas*) y son conocidos como los *gunas*.

preocupaciones de este mundo? Nos volveremos más frustrados, más violentos. No conocemos otro estado alterado de conciencia".

Ahora espera un minuto. No estás cortando con todas las cosas placenteras de tu vida. Solo estás intercambiando placeres menores por fuentes de felicidad que residen en tu corazón. No te quejarás más cuando empiecen a fluir.

Ten un mejor sustituto, una mejor adicción ahora mismo: el maravilloso "vino" de cantar el nombre de Dios, cantar para Él, en Él, acerca de Él, amándolo, tocando instrumentos musicales, bailando ante Él. ¡Qué dulces son las canciones de amor de *Meera*[10], qué celestiales los acordes de su *tambura*[11]! Canta y baila para satisfacer tu corazón. Absórbete a ti mismo en música devocional y deja que te conduzca a estados superiores de conciencia. Una vez que pruebes el vino de la devoción, jamás querrás tocar intoxicantes menores.

Pero déjame advertirte algo: la música debe ser pura, llena de devoción. No debe degenerarse en entretenimiento barato. También, es solo un medio para un fin. No olvides que el objetivo es la unión con el Amante Divino. Es como si estuvieses pasando el mineral bruto por un tamiz para encontrar oro puro.

Ahora el tema del servicio. Nadie puede meditar o involucrarse en actividades devocionales por veinticuatro horas. Puede haber excepciones, pero estamos hablando del común de las personas. Entonces encuentra algo de tiempo en el que no estés involucrado ni en ganarte la vida ni en prácticas de meditación para hacer lo que puedas por tus semejantes.

Los únicos Dioses que puedes ver con tus ojos físicos son estos Dioses vivientes. Sírvelos, pero mientras lo hagas, recuerda de estarles agradecido por darte la oportunidad de servirlos y, por

---

[10] *Meera* (1498 – 1547) fue la reina de uno de los principados de *Rajastan* en India. Se enamoró de la imagen de *Krishna* (la décima y última encarnación en la tierra de *Vishnu*), el Dios flautista y pastor, y le cantaba hermosas canciones de amor. Su celoso esposo, el rey, le ocasionaba muchos problemas ya que pretendía atención solo para él. No obstante *Meera* mantuvo su fidelidad hacia *Krishna*. Las canciones de amor de *Meera* son muy populares en la India.

[11] Instrumento musical de cuatro cuerdas utilizado en la música India.

consiguiente, de acelerar tu progreso espiritual. Eres tú quien debe estar agradecido, no ellos. Alimenta a un hombre hambriento, aunque sea una vez, y verás cuánto más fácil es contactar la Divinidad cuando te sientes a meditar ese día.

Alguien me preguntó el otro día: "Señor, ¿debemos comenzar a meditar luego de haber practicado todos estos preceptos morales a la perfección?"

Eso es cercano a lo imposible. Nadie ha tenido éxito en ser moralmente perfecto antes de comenzar a meditar. El hecho es que la meditación y la práctica de los preceptos morales se complementan unos a otros. Comienza a meditar hoy. No lo pospongas. Paralelamente intenta seguir los *yamas* y los *niyamas* lo mejor que puedas. A medida que vayas progresando, te perfeccionarás moralmente y, a la vez, tu meditación será cada vez mejor. Esto continuará así hasta que alcances tu objetivo final. Hasta entonces, seguramente, habrá imperfecciones, pero no te preocupes. Solo cuando uno experimenta que todo lo que existe es el "Ser", el egoísmo es completamente destruido. Piénsalo, ¿no es que toda inmoralidad brota del egoísmo? A medida que te acerques más y más al bienaventurado Ser, no tendrás necesidad de comportarte inmoralmente. Hasta entonces, haz lo mejor que puedas. Conquista el odio con amor.

El amante

Mientras que estas instrucciones tienen aplicación para la mayoría de las personas, hay una excepción - el verdadero *bhakta*, el amante. Él o ella están atrapados en una cuestión de amor ciclónico con el Señor, el eterno amante, y no hay reglas ni regulaciones que se apliquen para tales almas afortunadas.

Meditación, dieta, ritos religiosos, costumbres y modales, tareas y responsabilidades, ninguna de ellas tiene importancia para este ser. Él arroja todo el mundo al viento y se consume en el Señor. Separarse de su amado le es insoportable para el y se vuelve loco con la añoranza. Todo lo demás pasa inadvertido para él. Y cuando el Señor finalmente llega, no se postra ante Él. Ellos, el Amante y el Amado, se entrelazan en un abrazo de amor divino hasta que no pueden ser distinguidos el uno del otro.

Pero van aquí unas palabras de precaución: no trates de imitarlo. También cuídate de las imitaciones. El signo seguro de un amante de verdad es la ausencia de egoísmo. Si alguien pretende ser uno y descubres aunque sea un dejo de egoísmo, mantente apartado.

Es raro encontrar verdaderos amantes de Dios, y dondequiera que se encuentren, fluye la espiritualidad y muchos se benefician de ella. Aunque, aún así, muchos de esos amantes se rehúsan a ser Maestros o guías pues la mayor parte del tiempo están atrapados en su propio mundo de amor divino.

Pocos de ellos, después de haber pasado a través de la etapa tormentosa y de haber logrado el estado más elevado, bajan sus mentes a la conciencia de todos los días para enseñar a otros, en respuesta al comando del Ser Supremo. Semejantes Maestros son los más grandes y sus discípulos son muy afortunados.

Pero una vez más debo advertirte: algunas personas mentalmente desequilibradas y lunáticas pueden comportarse como *bhaktas*. Entonces ten cuidado. Ausencia de sabiduría y presencia de egoísmo y de lujuria son signos seguros de falsos *bhaktas* y de lunáticos.

El *rishi,* el *jnana yogui*, y el *raja yogui*[12] son de otro tipo. Son calmos, compuestos y tranquilos, y, a menudo, pueden enseñar sin pronunciar ni una palabra. Silenciosamente guían y transmiten la energía que limpia tu corazón y que despeja los canales para la ascensión del Poder Divino, esencia misma de la Bienaventuranza.

El Maestro

En el momento apropiado, el Maestro hace su aparición. No necesitas ir a buscarlo a los Himalayas. Puede estar viviendo en la casa de al lado, pero tú no lo sabes. Tu ignorancia y tu arrogancia, efectivamente, ayudan a que se mantenga a escondidas.

Si eres un aspirante sincero, si tu único objetivo en la vida es encontrarte con tu amado "Ser", si meditas constantemente y si

---

[12] *Jnana yoga* y *raja yoga* son diferentes caminos de *yoga*. El primero pone énfasis en el análisis intelectual y el segundo en la meditación y el control de la mente. *Jnana yogui* es quien sigue el primer camino y *raja yogui* quien sigue el segundo.

rezas para que te guíen, el Maestro seguramente vendrá, si así es requerido.

Puedes reconocerlo o no, pero él te guía silenciosamente. El verdadero Maestro es el Señor mismo, quien toma varias formas para guiar al devoto.

Prueba bien al Maestro antes de aceptarlo. Si hay rastros de egoísmo o de lujuria en él, no es del estatus más alto. Pruébalo cuidadosamente y ten paciencia. No prejuzgues, pues muchas veces las acciones de un Maestro son mal interpretadas. Sus formas son misteriosas. No las juzgues sin encontrar los motivos.

Una vez que hayas decidido, después de una cuidadosa reflexión, trátalo con el mayor de los respetos y ruégale que te acepte como discípulo. Eres afortunado si lo hace, pues un verdadero Maestro no está orgulloso de andar juntando cientos de discípulos. Rara vez acepta ser el *gurú*.

Un guía es necesario en casi todos los casos porque estás comenzando un viaje por un territorio que no figura en ningún mapa. Puedes encontrar aquí y allí seres muy avanzados espiritualmente que parecen no haber tenido un guía. Son excepciones, y aunque no tengan un guía en forma humana, entiende que Dios mismo los guía y cuida de sus necesidades.

No los imites, pues pertenecen a una categoría especial. Ni siquiera imites a tu Maestro, pues no eres él. En lugar de eso, sigue sus enseñanzas y sus instrucciones y te convertirás en un Maestro en tu propia y original forma y así evitarás convertirte en una simple imitación, en una sombra del original.

Un Maestro puede ser joven, viejo, hombre, mujer, rubio o morocho. Lo externo no interesa para nada. Lo que interesa es su estado espiritual. Él puede, si así lo decide, ayudar a limpiar de tu corazón todos los *vasanas*[13] acumulados y hacerte libre. ¡Que semejante Maestro te guíe!

---

[13] *Vasanas:* Las semillas del deseo que son acarreadas de nacimiento en nacimiento.

Capítulo 3
Así habló el Maestro

Introducción

Durante sus años de extensa búsqueda espiritual, M se cruzó con muchos Santos y Sabios que le ayudaron cada uno a su manera. Pero a pesar del respeto que les tiene, nunca consideró a ninguno de ellos como su *gurú*. Él sabía que no tendría otro *gurú* más que su Maestro, a quien había visto en su infancia y quien le había prometido ser su mentor espiritual. M confiaba en que se reencontraría con su Maestro en el momento apropiado. Y así fue. Se encontraron unas cuantas veces y luego deambularon juntos por los Himalayas durante tres años y medio. Esto pasó a ser un punto de inflexión en la vida de M: el curso que tomó su vida, de allí en más, cambió, llevándolo adonde él se encuentra ahora.

El siguiente capítulo es una transcripción del diálogo entre el Maestro y M en su tercer encuentro, en el que estuvieron quince días juntos en una cueva en *Kedarnath,* en los Himalayas. M asegura que muchas de sus dudas fueron aclaradas por esta serie de preguntas y de respuestas. Estas son reproducidas a continuación en su formato original, evitando todo tipo de interpretación adicional. Esto coincide con la noble tradición por la que la mayoría de la literatura religiosa del mundo es difundida: esto es en forma de catecismos (*prashnottara*). Una ventaja de este método es que es muy superior a un discurso como forma de comunicación. El Maestro responde preguntas de un fervoroso estudiante, en lugar de dar un discurso frente a un grupo de ellos con distintos grados de interés en el tema. Confío en que el espíritu del diálogo se transmita en esta reproducción.

Un aspecto interesante de esta conversación es que no fue grabada ni mecánica ni manualmente cuando ocurrió. Esto no fue porque M no haya querido hacerlo, especialmente cuando era escéptico acerca de su capacidad para memorizar. Su Maestro lo disuadió de intentarlo, le dijo que era innecesario. Le aseguró que, en el momento oportuno, él recordaría todo, aunque no estaba claro cuándo sería ese "momento oportuno".

Algunos años después, M estaba trabajando como periodista en las islas *Andamans* cuando una tarde decidió probar su habilidad para recordar. Y lo logró, o mejor dicho, su Maestro no le falló. Para su sorpresa y deleite, el diálogo completo comenzó a desplegarse. Las palabras fluían como si estuviese escribiendo automáticamente en los papeles frente a él.

Es de esperar que el resultado - un registro permanente del intercambio dialéctico - aclare algunas de las dudas de los lectores, como lo hizo con M.

Así habló el Maestro

por Sri M

Era una noche muy fría en los Himalayas. Nos sentamos mirándonos el uno al otro sobre una roca grande y plana frente a la cueva. A nuestro alrededor la plateada cordillera nevada brillaba en luz celestial. A pesar del fuego crujiente que habíamos encendido y de las gruesas frazadas que me envolvían, temblaba cuando el viento helado soplaba sobre mi rostro. Mi *gurú* contrastaba con mi figura envuelta en frazadas: el estaba allí sentado, semidesnudo, apenas cubierto por una simple tela de algodón atada alrededor de su cintura que le llegaba a las rodillas. Como luego aprendí, había dominado la técnica *yogui* de ajustar la temperatura del cuerpo practicando lo que los *yoguis* tibetanos llaman *tumo*. Él parecía muy confortable sobre una frazada de lana plegada y sentado en *padmasana*. Me miraba con una mirada beatífica.

"Relájate," me dijo. "No hay nada que temer. Ponte cómodo". No sé qué ocurrió luego. Sus palabras actuaron como magia sobre mí; mi cuerpo cansado, que había sido llevado hasta el pico montañoso más inaccesible, revivió milagrosamente. Mis músculos ya no dolían más; mis pies ampollados ya no me torturaban; hasta el viento helado pareció detener sus pinchazos. Una calidez reconfortante fluía desde él hacia mí y permeaba todo mi cuerpo. De repente me di cuenta de que no tenía más hambre, a pesar de que no había comido durante tres días y de que hasta unos instantes antes me sentía famélico. Una vez más, mi cuerpo y mi mente se encontraban en calma y estaba en estado de alerta con una agudeza que desconocía poseer.

Este fue el primer día de los quince que pasé con él. Tenía tantas preguntas que hacer y tantas dudas que aclarar…No sabía cuándo tendría nuevamente semejante oportunidad.

Y entonces comenzamos...

M: Señor, he estudiado *Vedanta* por muchos años. Cuando comencé, creí que entendía todo, pero, a medida que pasaron los años y fui profundizando en el tema, comencé a darme cuenta de lo poco que había comprendido. Hay tantas preguntas cuyas respuestas aún no están claras…

Primero, acláreme el misterio del conocimiento mismo, pues el camino del buscador es conocido como el camino del conocimiento, *jnana marga*[1]. Estoy confundido, al igual que muchos, por las aseveraciones realizadas en el *Isha Upanishad:*

Andham tamah pravisanti ye vidyam upasate

tato bhuya iva te tamo ya u vidyayam ratah.

(Aquellos que adoran la ignorancia entran en la oscuridad.

Y aquellos que adoran el conocimiento entran en una mayor oscuridad).

La primera parte está clara. Desde la niñez siempre hemos sido enseñados que la ignorancia ha de ser superada mediante la adquisición del conocimiento. Por eso es bastante desconcertante escuchar decir al *rishi* que adorar el conocimiento es entrar en una mayor oscuridad. ¿Cómo es posible? Si ambos, ignorancia y conocimiento, llevan a la oscuridad, ¿es que hay algo más allá de ambos, conocimiento e ignorancia? Si hasta el conocimiento lleva a la oscuridad, ¿qué es aquello que uno puede alcanzar más allá del conocimiento y de la ignorancia?

---

[1] *Jnana marga* o *jnana yoga* es 'El camino de la sabiduría'. Es uno de los caminos hacia el Ser Supremo. que pone énfasis en el análisis intelectual.

Maestro: Estate alerta, hijo. Estar alerta no es forzarse sino relajarse y dejar que las enseñanzas penetren profundamente de manera tal que no tengas más dudas. Escucha cuidadosamente y, luego de eso, hazme más preguntas si es que las tienes. Discutiremos los asuntos como dos amigos discuten sus problemas íntimos. Que haya completa sinceridad y amor entre nosotros.

Sí, muchos se quedan perplejos ante las aparentemente contradictorias aseveraciones de los *Upanishads*. Pero si las examinas cuidadosamente, no hay tales contradicciones.

"Aquellos que adoran la ignorancia entran en la oscuridad". ¿No está lo suficientemente claro? La ignorancia, *avidya*, es la falta de conocimiento, nesciencia. Es adquiriendo conocimiento, *jnana*, como la ignorancia es destruida. En ningún sitio, el *Upanishad* dice: "No adquieras conocimiento", porque el conocimiento es el único instrumento que puede disipar la ignorancia. Todo lo que aprendemos es conocimiento, incluso lo que estás escuchando de mí ahora. Entonces, ¿cómo puede el conocimiento conducir a la oscuridad?

Escucha cuidadosamente. El *Upanishad* no dice que el conocimiento conduce a la oscuridad. Lo que dice es que aquellos que "adoran el conocimiento" entran en una mayor oscuridad. Esto debe examinarse muy de cerca.

Supongamos que has caminado por un campo lleno de cardos y que tienes algunas espinas clavadas en el pie. Tú no sabías que era un terreno con espinas, eras ignorante. Intentas quitarlas con tus manos, pero no hay manera; están demasiado profundas para eso. Entonces buscas una espina más afilada, larga y fuerte, para removerlas. Similarmente, remueves las espinas de la ignorancia y del dolor con la espina del conocimiento. Ahora dime, luego de deshacerte de las dolorosas espinas, ¿vas a clavarte la espina más grande en tus pies? No, no lo harás, la arrojarás. Así ocurre también con la espina del conocimiento utilizada para remover la espina de la ignorancia. Ambas son descartadas por el *yogui*, el buscador, cuyo objetivo es la liberación.

Ahora, antes de ir más lejos, veamos qué es el conocimiento en sí mismo. Cuando comprendes una cosa o un hecho dices: "He adquirido conocimiento acerca de eso". Esto quiere decir que has almacenado toda la información o tanta como has podido obtener acerca de esa cosa o de ese hecho en tu memoria de manera tal que puedes referirte a ella, reconocerla y reaccionar ante ella en el futuro. Todo conocimiento es eso: aquello que es almacenado en la memoria de uno. ¿Puedes pensarlo de otra manera? En el momento en que has escuchado mis palabras, se han desvanecido del presente y se han convertido en cosa del pasado. Constituyen la memoria, y la memoria es una cosa del pasado. El conocimiento, como lo conocemos, es entonces algo de lo que te acuerdas, ya sea del pasado reciente, de hace unos instantes o de hace años. Es eso, es memoria. Todo conocimiento es, entonces, memoria - una cosa del pasado.

Por otro lado, *Brahman*[2], la Realidad Última, nunca es una memoria, nunca es algo del pasado. Es el presente viviente, lo eterno, el presente inmediato y, entonces, nunca puede ser comprendido a través del conocimiento, que solo tiene el pasado como referencia.

M: Si el conocimiento se refiere solo a la memoria, ¿cómo es que se puede conocer a *Brahman*?

Maestro: Para comprenderlo, aunque sea conceptualmente, debemos incursionar en diferentes tipos de conocimiento. En el extremo inferior está *ajnana*, el conocimiento acerca del mundo obtenido a través de nuestros órganos sensoriales. Más alto que *ajnana* está *jnana* o el conocimiento (del Ser y de otras cosas) adquirido a través de la razón y del intelecto (*buddhi*), y a través de las escrituras y de los Maestros. Aún más alto está *vijnana*, el discernimiento, que es capaz de diferenciar lo real o absoluto de lo aparente o relativo.

El que ha alcanzado el nivel de *vijnana* puede pulirlo hasta la perfección e intentar permanecer constantemente en ese nivel, hasta obtener la experiencia intuitiva y unitiva de *Brahman*.

En este contexto, hasta la palabra "experiencia" es un término incorrecto, porque implica una experiencia y, por consiguiente, un objeto de esa experiencia. Todo lo que se puede decir de ese estado es que es una iluminación mental - espiritual donde nada, salvo un

---

[2] La realidad suprema, absoluta e infinita de la filosofía *vedanta*.

conocimiento que todo lo penetra, existe, sin la dualidad del conocedor y de lo conocido.

M: ¿He de interpretar entonces que el conocimiento, tal como usualmente entendemos el término, es inservible?

Maestro: No, con certeza no es así. La capacidad del conocimiento, cualquiera sea su nivel de perfección, es la facultad más elevada del hombre. Cada nivel, en la jerarquía del conocimiento de los que he hablado, tiene su lugar apropiado. Sin la experiencia derivada de nuestros sentidos, por más irreal o poco confiable que sea, no podríamos comprender el mundo inmediato en el cual vivimos. Puede llevarnos hacia pasiones, o hacia apegos y causarnos miseria o placeres pasajeros. No obstante, es la misma miseria o el mismo placer lo que comunmente lo mueve a uno hacia *jnana* o el razonamiento intelectual para evaluar y para determinar la condición en la cual nos encontramos. La razón, después, a través de la **apreciación intelectual** de una Realidad más elevada, nos **acerca** a *vijnana*. No obstante, la razón misma puede mostrar que ella es frecuentemente poco confiable, coloreada como está por nuestros prejuicios. Cuando la razón es ayudada por la intuición, que proviene de una fuente desconocida y no cognoscible (mediante medios convencionales de conocimiento), uno **alcanza** el nivel de *vijnana*. Permaneciendo constantemente en ese estado, uno alcanza a *Brahman*, y la Realidad Última ya no es más un concepto intelectual sino uno efectivamente experimentado.

En otras palabras, *Brahman* está más allá de *ajnana* y *jnana* y se alcanza en meditación profunda cuando la mente, que no es más que una colección de pensamientos, es trascendida. El conocimiento, que es memoria, una cosa del pasado, comprende totalmente cuán finito es y se da cuenta de que no puede alcanzar el infinito de donde la inteligencia misma procede. Abandonando todo razonamiento, argumentos y dudas, deja ir entonces a toda la cadena de pensamientos y se vuelve sereno y plácido como una extensión infinita de agua cristalina sin una sola ola en su superficie.

En esa mente calma y pura como un espejo se refleja *Brahman*, la Realidad[3] Última, absoluta, gozosa.

---

[3] Lógicamente, o mejor dicho lingüísticamente, el término **realidad** debe referirse a ese "contenido" que es develado por nuestra experiencia en su

Esto es lo que el *Kenopanishad* quiere expresar cuando dice:

"Aquello que la mente no puede alcanzar,

pero por lo cual la mente adquiere la facultad de comprender,

Eso, ¡Oh buscador! es el verdadero *Brahman*, nada de lo que adoras

aquí".

M: Pero la mente, ¿no se vuelve inerte como la de un idiota por dejar de pensar y de razonar?

Maestro: ¿Cómo va a volverse inerte la mente que refleja la misma semilla y la fuente de la inteligencia? Tal mente está siempre activa, siempre ocupada en hacer aquello que se le ha ordenado como su tarea. Tal mente, bendecida por un abundante torrente de energía, está conectada con la mismísima fuente de increíble energía que opera el universo entero. No es alterada por obstáculos o por fracasos. No se desalienta por ellos ni se sobreexcita por el éxito. Es una mente que trabaja con constancia, sin las distracciones que las personas ordinarias tienen. Solo de una mente así puede decirse que verdaderamente funciona, cargada como está con la energía del Generador Universal. Las restantes son todas inertes, porque no han descubierto el secreto de su funcionamiento.

La única experiencia que no puede ser subvaluada[4] de hecho y en principio por ninguna otra experiencia, es la experiencia de la pura Identidad Espiritual; la experiencia en la que la separación entre el yo y el no yo, el ego y el mundo, es trascendida. No se puede concebir otra experiencia que la contradiga.

---

forma más elevada o de mayor calidad. La experiencia que devela ese contenido deja de ser "humana" en cualquier sentido limitado de la palabra.

[4] Subvaluar: un proceso mental mediante el cual uno le resta valor a algún objeto o contenido de conciencia previamente valorado al entrar en contradicción con una nueva experiencia.

Observemos las mentes de algunas grandes personas que no eran simples pensadores sino personas activas. Adi Shankara[5] era uno de los más grandes exponentes de *Advaita Vedanta* - me meteré en este tema más adelante - y era un *sannyasin* por excelencia. En un corto período de treinta y dos años, hizo lo que a la gente ordinaria le tomaría cien o más, o quizás, lo que ni siquiera podrían completar en unas cuantas vidas. Viajó a pie a lo largo y a lo ancho de la India, escribió voluminosos comentarios acerca de las escrituras, involucró a numerosos estudiantes de aquella época en debates y renovó templos dondequiera que iba. Y era exitoso en todo porque había entendido el secreto del trabajo.

Toma un ejemplo más reciente, el gran *Vedanta*, Swami Vivekananda. Uno no puede salir de su asombro ante el estupendo trabajo realizado por el Swami. ¡Qué personalidad sobresaliente y qué trabajador incansable por el bien de la Humanidad! Tú puedes pensar por ti mismo en muchos ejemplos.

M: Señor, ¿y qué de aquellos que prefieren mantener el silencio luego de realizar la Verdad Última?

Maestro: Si el **Sabio perfecto** - no hay duda de que hay muchos que **pretenden** haber alcanzado tal perfección - prefiere mantener el silencio, ese silencio es más efectivo que las palabras o que la acción misma. El Sabio trabaja silenciosamente en las mentes de aquellos que escuchan la Voz del Silencio. Semejante Sabio ha alcanzado la fuente de todo pensamiento y puede cambiar al mundo entero con uno solo de ellos. Ese silencio es más potente que horas de sermones. Silenciosamente - tan silencioso como el modesto pasto sobre el que caminamos - él hace milagros, mientras permanece escondido como el Mismo *Brahman*. Por un simple pensamiento suyo, se ejecutan tareas colosales.

Ahora explicaré otro aspecto de la afirmación: "Aquellos que adoran el conocimiento entran en una mayor oscuridad".

---

[5] De acuerdo con Shankara, hay tres niveles de experiencia: *paramarthika,* que corresponde a la Realidad Absoluta, *Brahman; vyavaharika,* la realidad aparente de nuestro mundo cambiante de todos los días; y *pratibhasika,* el mundo ilusorio de los sueños, las alucinaciones o un incorrecto sentido de la percepción como por ejemplo confundir una cuerda con una serpiente.

A algunas personas, luego de haber estudiado las escrituras y los numerosos comentarios y otras ramas del conocimiento *Védico* como astrología, matemáticas, *mantras* y otras, se les infla el orgullo, y comienzan a pavonearse con la pretención de ser hombres instruidos. Su ego está tan hinchado que comienzan a pensar que siempre tienen razón y se rehúsan a escuchar o a considerar el punto de vista de los otros. Sus mentes no pueden aceptar que puede haber alguna otra manera de mirar el mismo problema que quizás ellos mismos no hayan llegado a comprender. El orgullo desmedido es, invariablemente, la causa de su caída y su consecuente miseria. La mente de dichas personas está cerrada por prejuicios y por preconceptos, son como piletas estancadas y pierden sensibilidad y sagacidad. Esas mentes se opacan y nublan por la escoria, que adquieren trabajosamente durante un largo período de tiempo, y la confunden con conocimiento. Con sus mentes enfermas, ellos ven todo infectado con su propia enfermedad. Son los adoradores del conocimiento quienes entran en una oscuridad mayor; se rehúsan a volverse hacia la luz y niegan su existencia. Algunos de nuestros científicos y filósofos pueden ser incluidos en las filas de estos adoradores de la oscuridad.

Ilustraré lo que he dicho con una historia:

Había un gran Santo realizado, alrededor de quien se congregaban buscadores para aprender la Verdad. Un estudiante engreído también se había acercado a él para recibir instrucción. Después de escuchar al Santo por un rato, el estudiante preguntó: "¿Cuánto tardaré en alcanzar el estado de liberación, Señor?" "Un largo tiempo", respondió el Maestro.

Un jardinero pobre y analfabeto, que también estaba allí en ese momento, escuchando al Santo con mucha atención, se levantó y le agradeció humildemente con las manos juntas, diciendo: "Señor, no sé cómo agradecerle por lo que me ha enseñado, soy un hombre ignorante. ¿Alguna vez llegaré a lo más alto?". "En unos pocos días", dijo el Maestro.

Esta respuesta irritó al estudiante. Preguntó: "¿Cómo es posible que este ignorante pueda llegar a lo más alto en unos pocos días, mientras que yo, un gran estudiante, tendré que esperar tanto tiempo?".

Sin perturbarse por el desmedido orgullo del estudiante, el Santo dijo: "Tu mente está tan confundida con las cosas que has recolectado que te llevará un largo tiempo desaprender todos los conceptos erróneos que ya has formado. Tu ego está tan hinchado que ha cerrado la puerta de la comprensión y de la simplicidad a través de la cual entra la Verdad. En el momento en el que te liberes de toda esa basura, llegarás a lo más alto. Es para remover toda esa suciedad que te he dado tanto tiempo".

M: ¿Quiere decir esto que el ignorante tiene más probabilidades de conocer la Verdad que el instruido?

Maestro: Con certeza no es así. Quería demostrarte que memorizar docenas de escrituras no puede hacer que uno sea instruido. Una persona instruida de verdad es una persona que tiene la capacidad de comprender y no simplemente memorizar. Es solo una mente libre de conceptos erróneos la que puede entender - debido a su agudeza intelectual - que, no importa cuán alto se remonte el intelecto, aun este tiene ciertas limitaciones, no puede ir más allá de cierta dimensión, pues no puede alcanzar aquella cuarta dimensión donde reside la fuente desde donde proviene la capacidad humana única de pensar, la madre de todos los pensamientos.

M: No comprendo claramente qué quiere decir con la cuarta dimensión.

Maestro: Eso le pasa a mucha gente. Es difícil para una persona que está acostumbrada a un mundo tridimensional con largo, ancho y profundidad, y cuyos pensamientos están condicionados por estas tres dimensiones limitantes, concebir una cuarta dimensión más allá de la mente misma. Puede ser experimentado solamente cuando la completa cadena de pensamientos - el mismísimo proceso del pensamiento - está en calma total y en silencio. Solo viviéndolo puede ser comprendido. Pero intentaré explicártelo tan lógicamente como sea posible. Al menos, serás capaz de comprenderlo intelectualmente y, contemplándolo, quizás lo experimentes.

Imagina dos criaturas de color rojo, con forma de disco y del espesor de una hostia viviendo en una gran caja sin techo. Se mueven en el piso de la caja en todas direcciones. Obviamente, no pueden moverse fuera de la caja por la restricción de sus paredes. Dentro de ella, son capaces de moverse en todas direcciones pero no tienen la capacidad de moverse hacia arriba o hacia abajo por las paredes. Pueden moverse solo a lo largo y a lo ancho de la caja. Habiendo nacido y crecido en el espacio en el que viven, no conciben otras dimensiones más que las que les son familiares. Altura y profundidad no existen para ellas, y nunca han podido salir de su espacio cuadrangular.

Supongamos que alguien mete su mano en la caja desde arriba y que levanta a una de ellas y la transfiere a una caja similar en la que viven criaturas que difieren solo en que son de color verde. De la misma manera, una verde es transferida a la otra caja.

Ambas criaturas, la verde y la roja, no entienden cómo pudo ocurrir semejante transferencia. No pueden concebir un movimiento hacia arriba y otro hacia abajo, pues están acostumbradas únicamente a movimientos laterales. Para ellas, cualquier movimiento distinto del horizontal es un milagro. Y continúan viviendo en su medio ambiente, percibiendo sólo su espacio bidimensional.

Muchos de nosotros somos como estas criaturas imaginarias. No podemos concebir una dimensión distinta o superior al mundo que nos presentan nuestros órganos sensoriales normales - vista, oído, tacto, olfato y gusto - y al mundo limitado del intelecto que está condicionado por el de las experiencias sensoriales. El viaje espiritual comienza solo cuando el intelecto alerta reconoce la posibilidad de otra dimensión a donde no puede llegar - constituido como lo está - mediante medios normales de pensamiento o percepciones sensoriales, y comienza a explorar otros medios para llegar allí. Hasta le es difícil creer que hay algunos que han llegado a esta dimensión elevada, pues a la mente condicionada se le hace difícil hasta visualizarlo.

Una adaptación de la parábola del filósofo griego Platón[6] dice lo mismo de un modo levemente diferente. En un largo túnel circular bajo tierra, tan ancho y tan alto como para que una persona entre justo parada, se mueve una fila de esclavos conectados el uno al otro

---

[6] La historia original, **La parábola de la cueva** de Platón, es diferente de la versión adaptada de mi *gurú* pero, esencialmente, ella también diferencia entre lo que es aparente a nuestros modos condicionados de pensar y a las percepciones sensoriales y lo que está más allá de ellos.

con cadenas de hierro en sus piernas. Sus manos se encuentran esposadas, y sus cabezas, restringidas de movimiento por pesas que cuelgan de sus cuellos. Han estado allí desde que tienen memoria. Pueden moverse solo en una dirección: hacia adelante. Pueden ver solo en una dirección, hacia el frente. Durante años han estado caminando dentro del túnel circular sin parar. El único descanso y la única relajación que pueden aprovechar son esos escasos intervalos de tiempo en los que les es permitido apoyarse contra las paredes del túnel, por unos momentos, antes de retomar su movimiento incesante y monótono.

En el techo del túnel hay una puerta que se abre al mundo exterior. ¿De qué les sirve a aquellos que no pueden verla, a aquellos que tan solo pueden ver la nuca de la persona que tienen adelante ayudados por la tenue luz que se filtra por la puerta de arriba?

Sucede que, por accidente, las esposas, las cadenas y las pesas que restringen el movimiento de uno de los hombres se rompen y caen. Acostumbrado como está a su modo mecánico de movimiento, no se da cuenta de esto y sigue al resto hasta que un día, un dolor agudo en el cuello lo fuerza a darse vuelta. Inmediatamente se da cuenta de que puede hacer lo que los otros no, mover su cabeza en direcciones diferentes de las que estaba acostumbrado. También descubre que puede levantar sus piernas y puede moverlas con más libertad. Con esta libertad de movimiento recién descubierta mira hacia arriba y ve la luz tenue que proviene de la apertura. Aunque continúa caminando en la procesión, tiene la esperanza creciente de que, quizás, sea capaz de operar más allá de las limitaciones de los demás.

Un día, alguien se acerca a la apertura y lo llama. Al principio, él no le presta atención. Pero cuando el hombre de arriba insiste, el esclavo estira su mano para que lo saquen del túnel. Al principio el brillante reflejo de la luz lo encandila y casi lo enceguece. Guiado por su liberador, se acostumbra a la luz gradualmente y comprende el vasto, libre y hermoso mundo que existe afuera. También comprende que se puede mover y actuar como quiere.

Él es el hombre que ha alcanzado una dimensión de percepción más allá de la visión circunscripta de aquellos que están dentro de la caverna. ¿Cuál sería la reacción de sus compañeros de cueva si él los visitara más tarde y les relatara las maravillas de un mundo de luz y de libertad completamente diferente? No serían capaces de comprender el hecho de que lo que él les está diciendo es la verdad. Serían escépticos y lo llamarían mentiroso o loco, hasta que ellos mismos pudiesen volverse libres para alcanzar el nuevo mundo, la nueva dimensión que él ya ha alcanzado.

El hombre que se liberó es el Sabio erudito, y sus amigos dubitativos, que continúan moviéndose como autómatas, son los hombres encadenados al ciclo de vida y de muerte, que viven en la ignorancia.

Allí tienes la enseñanza en su más simple expresión.

Para entonces ya había pasado la medianoche. Mi Maestro me invitó a dormir sobre un tablón dentro de la caverna. Mientras, él continuaba sentado en *padmasana*, firme y erguido. Su figura semidesnuda y majestuosa parecía ser como *Arjuna*, un *gudakesa*, un conquistador del sueño[7]. Yo, por el contrario, dormí profunda y relajadamente y me levanté por la mañana completamente renovado.

M: Así como aclaró mi duda acerca del planteo sobre el conocimiento del *Isshasya Upanishad*, también me gustaría entender la esencia del *Shanti Mantra* del mismo *Upanishad:*

Purnamadaha, purnamidam

---

[7] *Arjuna* es quien recibe las enseñanzas espirituales de *Krishna* (la última encarnación en la tierra de *Vishnu*) en el *Bhagavad Gita*. La expresión "conquistador del sueño" en este contexto es tratada en el **Capítulo 4: La esencia del Hinduismo.**

Purnat purnamudacyate

Purnasya purnamadaya

Purnameva avasisyate.

(Aquello está completo, esto está completo;

de aquella totalidad viene esta totalidad.

Cuando la totalidad se quita de la totalidad,

solo queda la totalidad.)

Es bastante confuso y suelo cuestionarme si no se trata de un juego de palabras.

Maestro: Ningún enunciado *Védico* es un simple juego de palabras o algo dicho solo por diversión. El *Shanti Mantra* que acabas de citar no es más que la ley de la conservación de la energía, tal como la conocen los científicos. Como sabes, la ley de la conservación de la energía afirma que la energía o su equivalente en masa no puede ser ni creada ni destruida. Quiere decir que la suma total de masa y de energía permanece constante. Nada puede ser adicionado o extraído. Esa totalidad es *Brahman*, la eterna Realidad completa que existe aun en el así llamado vacío.

Así como esta totalidad, que es materia, puede ser transformada en otra forma, también *Brahman* se manifiesta en varias formas y no puede ser sujeto a adición o sustracción. Incidentalmente, en numerología antigua, esta cualidad de indestructibilidad era representada por el místico número nueve, porque, cuando los dígitos de cualquier múltiplo de nueve son sumados, el resultado es nueve nuevamente.

M: Señor, por favor, explíqueme ahora la enseñanza *Vedanta* : "El mundo es irreal".¿Cómo puede ser que el mundo, que es tan palpable, que podemos ver, tocar y sentir todo el tiempo, sea irreal?

Maestro: Es realmente un tema mayor, quizás sea la pregunta más importante. Lo veremos desde varios ángulos, uno por uno.

Tratemos primero el tema de la vista. Vemos salir y ponerse el sol cada día con nuestros propios ojos. ¿El sol realmente sale y se pone? La ciencia nos dice que no es así, que el sol permanece estacionario y que es la Tierra la que gira en torno a él. Por supuesto, los científicos tienen pruebas que sustentan su argumento. Ante esta verdad inexpugnable, nuestro sentido de la vista nos dice que el sol sale y se pone regularmente. ¿Hemos de creer en nuestros ojos o en la evidencia de los datos científicos? ¿No es muchas veces falsa la información recolectada por nuestros órganos sensoriales?

M: Si, estoy de acuerdo. No podemos creer en todo lo que vemos. La percepción sensorial puede ser una ilusión.

Maestro: Ahora analizaremos por qué *Vedanta* declara que el mundo es irreal.

Todo lo que existe en este mundo está en constante movimiento. La noche cede ante el día; la vida, ante la muerte; y luego viene una nueva vida otra vez. Millones de células de nuestro cuerpo mueren cada minuto, y células nuevas toman su lugar. Lo que está aquí hoy no está mañana. ¿Es que alguien puede vivir el presente mientras el tiempo corre velozmente? En el momento en que un pensamiento nace, se desvanece en el pasado. Ningún hombre ordinario sabe dónde comenzó todo y dónde va a terminar, si es que va a terminar. ¿Puede algo que aparece y se desvanece como una burbuja, algo que no es permanente, alguna vez ser real?

La Realidad es permanente, eterna. Nada que permanezca cambiando y sea temporario puede ser real. La única realidad que no cambia ni entra en decadencia es *Brahman.*

Examinemos el tema de la realidad del mundo de los sentidos más profundamente. Para los propósitos del análisis consideremos un pequeño cubo de madera pintado de verde. La primera característica que lo distingue de otros objetos es su color. El espectro de luz, esto es los rayos emitidos por el sol, está compuesto por los colores violeta, índigo, azul, verde, amarillo, naranja y rojo, los colores que aprendiste a memorizar en la escuela con el acrónimo VIBGYOR[8]. Durante nuestros días como estudiantes hemos realizado el

---

[8] N. de T.: Primera letra de cada uno de estos colores respectivamente en el idioma inglés. Violet, Indigo, Blue, Green, Yellow, Orange, Red.

experimento en el que se hace girar rápidamente un disco pintado con todos estos colores. Al hacerlo, este muestra una superficie blanca. Podemos deducir entonces, por analogía, cómo es la resolución de la luz. También hemos visto un segundo experimento en el que se refracta un haz de luz blanca a través de un prisma de vidrio; inmediatamente se descompone en los siete colores del espectro.

El color es, entonces, una propiedad de la luz. Cuando decimos que un objeto es verde, eso no es estrictamente cierto. Volvamos a nuestro ejemplo del cubo. Lo que vemos como el color verde del objeto se debe a que el cubo absorbe todos los colores del espectro a excepción del verde, el cual refleja. Cualquier objeto que absorbe todos los colores y no refleja ninguno aparece como negro, mientras que uno que refleja todos los colores aparece como blanco.

Pues bien, la única cualidad que cualquier material tiene como virtud de su estructura molecular y de su composición química es la de reflejar ciertos colores y la de absorber ciertos otros. Pinturas de distintos colores son elaboradas por el técnico que sabe que, si un químico particular, digamos A, es mezclado con otro químico B, el producto resultante tendrá la cualidad de reflejar, por ejemplo, el color verde. Con los mismos químicos, procesos y proporciones, no puede crear otro color. Lo que nos importa, es esta pregunta básica: "¿Es el color verde una cualidad o un atributo del cubo de madera que está ante nosotros?" De hecho, el verde puede verse como un color totalmente diferente bajo luz artificial.

M: Sí, coincido con que el color verde del cubo no es una cualidad intrínseca o un atributo de éste.

Maestro: Por consiguiente, el primer atributo, el así llamado color del objeto no es realmente uno de sus atributos. El color no puede ser atributo de ningún objeto; es la cualidad de la luz que cae sobre el objeto o, si somos daltónicos, lo que nuestra limitada percepción del color nos presenta. ¿No es entonces el color una ilusión?

Consideremos ahora la forma del objeto de nuestro ejemplo, un cubo. Es un objeto, como entendemos, formado por seis cuadrados iguales. Cuando lo miramos, no vemos todos sus lados al mismo tiempo. Observando tres de sus lados a la vez, decidimos que es un cubo. Lo que sucede es que los rayos de luz que se reflejan desde el objeto pasan a través del lente del ojo y forman la imagen de este en la retina detrás del lente; no forman la imagen entera sino uno, dos o tres lados del objeto, y esto depende del ángulo de visión y de su tamaño. A pesar de estos datos parciales, nuestro cerebro concluye que es un cubo. Inconscientemente ve las otras partes que están más allá de nuestra visión. Por supuesto, todo el proceso ocurre en unos breves instantes y lo llamamos **ver**.

Puedes haber notado otro fenómeno. Si miras a través del parabrisas de un vehículo mojado por la lluvia, verás que los postes eléctricos parecen doblados, y los árboles y otros objetos tienen formas diferentes de las normales. Y otro ejemplo más. Si te miras en un espejo de superficie irregular, tu rostro aparecerá distorsionado como en grotescas caricaturas.

Ahora imagina que nace una criatura con ojos de estructura diferente de la de los de los seres humanos. Esta criatura puede ver curvo algo que para nosotros es una línea recta. Puede ver como una esfera lo que vemos como un cubo. No le creerías si te hablase acerca de su versión de las formas.

M: Pero esta incertidumbre es solo respecto de la vista. ¿Qué hay del sentido del tacto, señor? Debería ser capaz de **sentir** la forma del cubo.

Maestro: Como no podemos ver todos los lados del cubo a la vez[9], también somos incapaces de sentir todos sus lados a la vez. En esta

---

[9] Algunos años después me topé con las siguientes líneas en el libro del doctor Roger Jones, titulado **La Física como Metáfora**:
"Nuestra idolatrada noción de un mundo objetivo, independiente de nuestras mentes, es sostenida por las percepciones cualitativas y subjetivas de nuestros sentidos, corroborados por medidas objetivas. La información cruda de mis sentidos es **interpretada** por mi en términos de un modelo de realidad basado en la medición de propiedades físicas. Yo no veo una mesa. Lo que veo es una extraña área de color marrón en mi campo visual. No veo su altura, ancho y largo. Yo infiero estos encajando mis sensaciones visuales y de tacto en un predeterminado modelo de mesa que tiene determinadas propiedades espaciales con dimensiones medibles. No puedo ni siquiera sentir la mesa o su solidez. Solo siento una sensación en mis dedos (llamada presión) cuando trato de cerrarlos, o una resistencia abrupta ante mi puño que la golpea. Estos modelos son reforzados por el

instancia, concluimos que es un cubo a través de la interpretación mental de la impresión táctil y de la percepción visual parcialmente realizadas. Conoces la famosa historia de los seis ciegos y el elefante y cómo cada uno llegó a su propia conclusión acerca de la forma del animal[10]. Puedes realizar un experimento práctico acerca de tu sentido del tacto. Toma dos vasos, uno con agua tibia y otro con agua fría. Introduce el dedo índice de cada mano, uno en el agua tibia y el otro en el agua fría. Saca ambos dedos de los vasos e, inmediatamente, sumérgelos nuevamente pero en el orden inverso. Descubrirás que al dedo que inicialmente estaba sumergido en agua fría, cuando lo sumerges en el agua tibia, ésta le parecerá mucho más caliente de lo que la sentía el dedo que antes había estado sumergido allí.

Vemos que dos de los atributos que pensábamos eran intrínsecos del cubo no son realmente sus características. Ni el color ni la forma son indudablemente los atributos de nuestro ejemplo; por lo tanto el cubo ha perdido su color y su forma cuando lo examinamos más de cerca.

El tercer atributo que analizaremos ahora es el tamaño. El tamaño es, una vez más, un concepto relativo. Supongamos que nuestro cubo es de cuatro pulgadas de largo, cuatro pulgadas de ancho y

---

conocimiento de que puedo medir y entonces verificar el alto, el ancho y la profundidad de la mesa."

[10] La historia es acerca de seis ciegos que querían saber cómo es un elefante. Cada uno, utilizando el sentido del tacto, entra en contacto con solo una parte del elefante y da su versión acerca del animal. Así, el que toca la trompa dice: "El elefante es largo y flexible, se mueve como una serpiente, y exhala aire por uno de sus extremos". El que toca una de las orejas dice: "El elefante es una gran membrana delgada de forma circular, que se mueve de un lado al otro desplazando aire como un abanico". El que toca una de las patas dice: "El elefante es como el tronco de un árbol, robusto, rígido, largo e inmóvil." Y así sucesivamente cada ciego da su versión y se entrelazan en una acalorada discusión acerca de cómo es el animal, cada uno defendiendo fervientemente su posición. Una persona que estaba presente y podía ver el panorama completo de lo que estaba sucediendo les dice: "¿Por qué se están peleando? Todos tienen razón, y a la vez todos están equivocados. Cada uno está describiendo solo una parte del elefante. El elefante es la suma de todo lo que cada uno de ustedes está diciendo y mucho más."

cuatro pulgadas de alto de acuerdo con los estándares de medición que hemos fijado. El tamaño, así como lo ve el ojo, es puramente relativo. Si lo miras de lejos, puede parecer más pequeño que cuando lo ves de cerca. O imagínate un pequeña criatura como una hormiga mirando el cubo; lo vería como un bloque de formidables proporciones, como una montaña que debería trepar o pasar por alrededor para alcanzar el otro lado. Si los estándares de medición que sigue son los mismos que seguimos nosotros, aún así es un cubo de cuatro pulgadas. No obstante, para la hormiga, las cuatro pulgadas serán como cuatro millas.

Para nosotros, un grano de azúcar es muy pequeño pero, para la hormiga que lo lleva, puede ser un peso enorme. También un niño ve a su padre alto como un gigante, pero esto no es así cuando crece. Entonces, te das cuenta de que el tamaño también es relativo y de que depende del observador.

Ahora, ¿dónde está el cubo con sus atributos comúnmente conocidos? ¿Cuál es su tamaño real? ¿Es grande, pequeño o diminuto? No puede haber ninguna respuesta definitiva para esta pregunta.

M: Pero, ¿qué hay de su masa, señor? Es un sólido, puedo sentirlo.

Maestro: Discutiremos la solidez o la masa del cubo primero, tu capacidad de sentirlo. Imagínate un organismo microscópico como un virus que ingresa en tu cuerpo. Es tan diminuto que los poros de tu piel son como grandes puertas a través de las cuales entra con facilidad. Para él, nuestro torrente sanguíneo es como un río que fluye y en el que puede nadar, y nuestras arterias y venas son como grandes túneles. Tu cuerpo sólido no es sólido para el virus que, siendo más pequeño que una simple célula de tu cuerpo, puede hasta entrar en tu médula ósea.

Ahora analicemos la solidez desde otro ángulo. Como sabes, la materia sólida consiste principalmente en átomos ligados por espacio vacío. Tú, por supuesto, no puedes ver este espacio vacío a simple vista. Pero la imagen magnificada bajo el microscopio muestra la materia sólida como lo que es, espacio vacío no sólido.

Vayamos un poco más lejos. ¿Qué es el átomo en sí mismo? Un núcleo central alrededor del cual los electrones giran como los planetas en el sistema solar. El núcleo y los electrones ocupan muy poco lugar en el área total del átomo.

Ahora, uno puede preguntar: "¿Y qué acerca del núcleo? ¿No es eso al menos sólido? Otra vez, encontrarás que los protones, que junto con los neutrones constituyen el núcleo, pueden ser separados en mesones y otras partículas subatómicas. Entonces, ¿dónde está esa cosa a la que llamas masa sólida? Nuestros *rishis*, que han profundizado en estos temas por virtud de sus facultades especiales, han encontrado que la materia es, en su esencia, simplemente un campo en el cual diferentes fuerzas actúan y reaccionan.

Con un ejemplo más descartaremos la noción de solidez. Un trozo de tela es impenetrable a la presión de tu dedo; no puedes atravesarla con él, a menos que la tela sea muy vieja y entonces la rompas. Ella actúa como un sólido. Pero, bajo una lupa, verás que el mismo trozo de tela tiene muchos espacios entre su trama y sus urdimbres. Una criatura microscópica puede pasar fácilmente a través de estas. Para esa criatura, no es sólida e impenetrable sino que tiene amplios espacios sin ningún tipo de obstrucción. ¿No es entonces la masa también relativa?

Examinando bien todo lo que generalmente es considerado **real**, nos damos cuenta de que solo es **aparente** o **relativo**. Excepto por las fuerzas cósmicas, no hay nada a lo que podríamos considerar real. Comprenderás esta realidad solo mediante la experiencia más elevada.

Finalmente hay una característica más de nuestro ejemplo: su peso.

El concepto del peso puede ser demolido de manera bastante fácil. El peso no es más que la fuerza gravitacional ejercida por la Tierra. Esto explica por qué las cosas comienzan a flotar en el momento en que están fuera de la atracción gravitatoria. Debes haber visto fotos de cosmonautas flotando en naves espaciales que han ido más allá del campo gravitatorio terrestre. Entonces el peso es también algo relativo.

Ahora nos encargaremos de lo que llamas **sentir**. Puedes decir que sientes que algo está caliente, frío, suave, rugoso y muchas cosas más. Mediante esto, lo que quieres decir es que estás haciendo uso de uno de tus órganos sensoriales como la lengua o el dedo. ¿Qué tan confiables son? Por ejemplo, si viniendo desde el exterior iluminado caminas dentro de una habitación con muy poca luz, no podrás ver nada adentro.

Por otro lado, si mientras permaneces fuera de la habitación mantienes un ojo cerrado y, una vez en el interior, lo abres, podrás ver dentro de la habitación con ese ojo, mientras que el ojo que ha permanecido abierto todo el tiempo no puede ver. Sientes oscuridad a tu alrededor con un ojo y experimentas visibilidad con el otro. Suponiendo que ambos ojos tienen visión normal, ¿cuál es el que le está siendo fiel al ambiente y a tu sensación? Similarmente, si comes azúcar después de comer regaliz, esta no será tan dulce como normalmente lo es. ¿Dónde se fue la dulzura del azúcar? ¿Dónde fue tu habilidad para degustar la dulzura?

Uno puede continuar multiplicando esos ejemplos indefinidamente. ¿No está muy claro ahora que lo que damos por sentado como la realidad de los objetos o la infalibilidad de nuestras percepciones sensoriales es una ilusión, una construcción de nuestra mente, de nuestros pensamientos y de nuestras sensaciones?

No estamos negando la existencia de los objetos o nuestra habilidad para comprenderlos. Lo que ha de ser comprendido es que el mundo es real solo en una manera **relativa** pero no puede ser real en un sentido **absoluto**. Aún así, la realidad relativa es esencial solo en lo que hace a nuestro funcionamiento en el mundo, ni más ni menos. Desafortunadamente, aceptarla como la realidad absoluta es el error en el que caemos y en esto reside toda nuestra miseria.

Como tienes una mente con inclinación científica, te lo explicaré de otra manera. Las leyes de Newton, que le dan a la realidad del mundo un valor absoluto, sirven para explicar muchos fenómenos en el mundo visible y hasta en un nivel atómico. No obstante, cuando llegamos al mundo subatómico de la física cuántica, las mismas leyes son inadecuadas, o completamente inútiles.

La mente moderna está inclinada a rechazar lo que nuestros Sabios de antaño y los Santos aseveraron acerca de la insustanciabilidad del mundo. Pero la ciencia de hoy se inclina a aceptarlo. De lo contrario, ¿por qué un físico dijo lo siguiente hace algunos años: "Nuestra concepción de la sustancia es vívida solo mientras no la enfrentemos. Comienza a desvanecerse cuando la analizamos...La sustancia sólida de las cosas es otra ilusión...Hemos perseguido a la sustancia sólida desde el átomo hasta el electrón; luego, la hemos perdido."?

Es esta **incertidumbre** acerca de la naturaleza real del mundo objetivo a la que se refieren como 'la gran ilusión'. Solo su existencia puede ser admitida, no la forma en la que se muestra existiendo.

La realidad absoluta detrás de estas ilusiones puede parecer abstracta, pero es abstracta solo en el sentido de que está más allá del alcance de nuestros sentidos condicionados a las necesidades prácticas, aunque ilusorias, de nuestro mundo de cada día. De acuerdo con nuestras escrituras y con nuestros Sabios, esta abstracción llamada *Brahman* es la única realidad verdadera, la única existencia real. Nuestro intelecto puede ir un paso más adelante que nuestros sentidos solo para entender que *Brahman* no puede ser intelectualmente comprendido. Esa existencia pura, *Brahman*, siempre existente detrás de las formas constantemente cambiantes o de la insustanciabilidad del mundo, se realiza únicamente en meditación profunda, más allá del intelecto y de la mente, cuando los pensamientos ya han cesado.

"Eso", los *rishis* proclaman luego que lo han experimentado, "eres tú". En realidad, ni siquiera hay un "tú"; solo "Eso" existe.

Un método para alcanzar "Eso" -la Realidad Absoluta o *Brahman*- es efectivamente enunciado en el *Mandukya Upanishad* perteneciente al *Atharva Veda*..Aunque considerado el más corto de los 108 *Upanishads* conocidos, pues tiene solo doce versos, *Mandukya* guía al buscador hacia la Realidad mostrándole sistemáticamente cómo alcanzar la Divinidad interior. Debido a que este *Upanishad* indica la necesidad de contar con un fundamento intelectual para desarrollar una vida más elevada (a través del análisis rígido de diferentes estados de conciencia), es apropiado hasta para aquellos que son escépticos acerca de la religión tal como es convencionalmente considerada. La siguiente es una exposición acerca de esto por mi Maestro –M.

M: Señor, he tenido la oportunidad de estudiar el *Mandukya Upanishad* y sé que el comentario de Gaudapada, *karika,* acerca de él es exhaustivo. Pero no he sido capaz de comprender completamente la importancia de los enunciados, especialmente acerca de los distintos estados de conciencia.

Maestro: Otra vez comenzaré con una historia como un primer paso para la explicación.

El Rey Janaka, que luego fue conocido como *Raja Rishi,* Sabio entre los reyes, una vez tuvo un sueño. Soñó que era un vagabundo que caminaba con su recipiente para mendigar, hambriento, cansado, y con ropas harapientas. Al despertar, se encontró a sí mismo entre los esplendores del palacio.

Le hizo pensar: "¿Soy un vagabundo o un rey?". Mientras soñaba, sentía claramente que era un vagabundo. El tormento del hambre y el cansancio no eran menos reales que los lujos del palacio cuando se despertó. Como no era capaz de resolver este rompecabezas, buscó la ayuda de su preceptor, el gran Sabio Yajnavalkya, quien le explicó los diferentes estados de conciencia que hacen que este mundo sea real, irreal o no existente. Aunque esta historia no tiene un vínculo directo con el *Mandukya Upanishad*, el tópico discutido es el mismo en ambos, excepto que el *Mandukya* trata los diferentes estados de conciencia como su tesis principal.

Ahora escucha atentamente. Los diferentes estados de conciencia son: *jagratavastha,* estado de vigilia; *swapnavastha,* estado de sueño; *suptavastha o sushupti,* sueño profundo sin sueños; y *turiyavastha,* estado trascendental que reside más allá de los tres estados anteriores[11]. La conciencia funciona en los tres primeros estados. Cuando uno está despierto, el estado de sueño parece ser irreal, pero durante el sueño ninguna otra realidad más que la del

---

[11] Otros nombres dados a los estados de la conciencia son: en sueño profundo sin sueños *prajna,* en el estado de vigilia *vaishvanara,* y en el estado de sueño *taijasa.*
Según el Dr. S. Radhakrishnan "Prajna es un estado de conocimiento, aunque los estados externos y los internos son mantenidos inactivos. Es el ser conceptual, mientras que los otros dos son los perceptivos *(vaishvanara)* e imaginativos *(taijasa)".*
Vaishvanara indica un estado común a todos los hombres o un estado de condición material y *taijasa* es conciencia de un estado mental o interno.

sueño existe. Y esto es tan real que todos los sentidos funcionan, todas las emociones se experimentan. En un sueño, las personas ríen, lloran, se pelean, tienen sexo; en resumen, el mundo de los sueños es un mundo real en sí mismo. Pero la diferencia es que el estado de vigilia dura más tiempo que el estado de sueño y, por consiguiente, es relativamente más importante y más real. También, en el estado de sueño, no hay conocimiento acerca de la diferencia entre ambos estados.

En el estado de sueño profundo sin sueños, ningún estado es percibido por la conciencia, es como si la conciencia misma fuese no existente.

En el estado de sueño, los órganos sensoriales sutiles del cuerpo sutil que funcionan en ese estado replican las acciones de los cinco órganos sensoriales del estado de vigilia como la vista, el oído, etcétera. En el sueño profundo sin sueños, tanto los órganos sensoriales físicos (densos) como los sutiles y la mente dejan de funcionar. *Ahamkara* –traducido vagamente como ego, individualidad o personalidad- cesa sus actividades extrovertidas y se remonta a la parte más fina de sí mismo llamada *buddhi*, el intelecto, que es la conciencia básica en un ser humano que siente "yo existo"[12]. Como el *buddhi* no funciona durante el sueño profundo, el sentimiento "yo existo" no es experimentado.

En el sueño profundo sin sueños, todas las experiencias del estado de vigilia y del sueño parecen desaparecer, y la conciencia disfruta de paz y de gozo sin ser impactada o afectada por el mundo externo de los sentidos o el mundo interno de los sueños. La paradoja de este estado es que, al analizar la experiencia, uno no puede saber si uno estaba consciente o inconsciente. Todo lo que puede decirse es que se trata de una conciencia negativa o sin contenido, o una conciencia no enterada de sí misma. No obstante, puedes preguntarte si efectivamente hay alguna conciencia durante el sueño profundo, que puede disfrutar de la paz y del gozo. ¿Cómo puede haber ausencia de conciencia si, cuando te despiertas, sientes y dices: "Tuve un maravilloso e ininterrumpido sueño"?

---

[12] Cuando te despiertas por la mañana después de un sueño profundo, el primer sentimiento es "yo existo". Esa sensación se le atribuye al *buddhi* . Después, cuando comienzas a interactuar con el mundo, tu personalidad – *ahamkara* – se manifiesta.

Sin lugar a dudas, ha habido **algo** durante el sueño profundo que es capaz de experimentar ese estado de tranquilidad y que puede diferenciarlo de las experiencias del estado de vigilia y de sueño.

Turiya, el cuarto estado, no es un estado como los otros tres. Está presente en todos ellos; aun en ese estado de pura conciencia cuando *ahamkara*, el factor yo, es descartado. Esta conciencia es llamada el *Atman* o espíritu, y es el testigo único de los estados de vigilia, sueño y sueño profundo sin sueños, y también de los varios estados alterados de conciencia como trance, *samadhi*[13], etcétera, no importa cuán elevados sean.

En *Turiya*, la conciencia está en su estado de pureza primitiva y no tiene identidad separada de la Conciencia Universal, *Brahman*, que todo lo abarca.

Por esto dice el *rishi*: "*Ayam Atma Brahma, mi Atman es Brahman.*" Es la realización de esa misma Conciencia a lo que se refiere el siguiente enunciado: "*Aham Brahmasmi*; Yo soy *Brahman*." Nadie puede proclamar "*Aham Brahmasmi*" y seguir siendo un limitado ser humano, pues, donde hay aunque sea rastros de *aham*, el "factor yo", no puede haber *Brahman* Absoluto.

El punto que debe ser destacado otra vez es que *Turiya* no es comparable a los estados de vigilia, sueño y sueño profundo sin sueños. En todos estos tres estados, hay un sentido de identidad del ser; hay un sujeto y un objeto o un experimentador y lo experimentado, aunque semejante distinción no sea manifestada o realizada en el momento de tener la experiencia. En *Turiya* no hay distinción entre el experimentador y lo experimentado o el sujeto y el objeto. En los otros tres estados, la conciencia relativa específica a ese estado excluye a los otros. Por ejemplo, en el estado de sueño, la realidad del mundo de la vigilia está ausente y viceversa; el rey se convierte en vagabundo y el vagabundo en rey.

Al lograr el estado de *Turiya*, el individuo que experimenta es contenido en el Ser Universal o *Atman*. El que ha logrado *Turiya* o se encuentra sumergido en *Turiya*, cuando desciende a la conciencia relativa, puede experimentar el *Atman* en los tres estados. Y para el

---

[13] Estado supra-consciente en el que uno pierde su identidad y se funde con la Realidad Suprema.

Atman que nunca cesa de existir, los tres estados son simples ilusiones, como diferentes películas vistas en la misma pantalla.

Esa persona es el verdadero *sannyasin* o renunciante, quién no es afectado por nada, quien está siempre establecido en el gozo de *Brahman*, sin que importe su actividad o su inactividad. Es solo él quién está completamente relajado y en paz, pues está hasta más allá del sueño profundo y descansa en la calma de aquello que es la raíz de toda actividad. Él es el único testigo del surgimiento y de la caída de las olas de creación y de destrucción.

Para el que está establecido en *Turiya*, por lo tanto, el completo mundo de la experiencia es como un largo sueño del que se ha despertado. Él está cara a cara con la Realidad Última, más allá de todos los sueños; de hecho, él mismo es la Realidad.

Mi *gurú* comenzó: "Hoy discutiremos el tema del ojo *yogui* y algo más acerca de la mente y sobre cómo la misma mente que te limita y te condiciona puede, también, abrir el canal a través del cual fluye abundante energía del motor cósmico.

Comenzaré nuevamente con una historia. Contar historias es lo más adecuado para explicar; aun hasta los niños pequeños pueden entenderlas.

Un día, un hombre viejo y harapiento estaba literalmente arrastrándose a lo largo de la banquina de un camino muy transitado de una gran ciudad. Estaba tan extenuado y débil, que cada paso que daba parecía ser una dolorosa prueba. Repentinamente apareció un automóvil a máxima velocidad, con los neumáticos que chillaban y la bocina que sonaba, dirijiéndose justo hacia él. En ese momento ocurrió casi un milagro. El hombre viejo, que, hacía unos segundos parecía caer y desfallecer en cualquier momento, dio un salto hacia la vereda y quedó a una distancia segura y lejos del automóvil.

¿Cómo hizo esto? Unos momentos antes no pudo haber tenido ninguna sospecha acerca del peligro inminente para poder salvarse. Entonces, ¿qué lo salvó? Fue una acción reflejo instantánea. El mensaje "Salta y salva tu vida" debe de haber fluido hacia su cerebro desde el Director Supremo, y el mensaje fue transmitido instantáneamente a sus miembros. De inmediato se liberó adrenalina y los músculos reaccionaron.

Aquí no hubo interferencia de la mente condicionada y del prejuicioso proceso del pensamiento. Si el pensamiento hubiese interferido, él no podría haber escapado de las ruedas. En lugar de esto, hubiese pensado: "¿Cómo puede un hombre viejo y débil como yo saltar fuera del trayecto del automóvil cuando ni siquiera tengo energía para caminar?", mientras el vehículo lo aplastaba bajo sus ruedas.

En esta situación de emergencia el mensaje "Salta" llegó directamente, sin ser condicionado ni influenciado por el pensamiento. Él estaba extrayendo energía del motor cósmico, en forma directa, aunque involuntariamente.

Lo que este hombre logró de manera involuntaria es logrado por el *yogui* voluntariamente. El *yogui* aprende la técnica de calmar las constantes vibraciones u ondulaciones de su mente y a hacerse receptivo del flujo de energía de la Mente Cósmica cuando él siente la necesidad. Este es el secreto de la primera oración en esa obra maestra del *yoga* , *Los Yoga Sutras de Patanjali*, que dice: "*Yoga chitta vritti nirodha*"; esto es , yoga es la eliminación de los *vrittis*, las ondas perturbadoras de la *chitta*, la mente. Así es como el *yogui* tiene acceso a la fuente cósmica de sabiduría y de energía. No solo desarrolla la capacidad de recibir mensajes sino también la de enviar mensajes a la cuarta dimensión y obtener respuestas.El principal centro que usa para este propósito es el cerebro, que es el asiento de la mente, y, más específicamente, los dos mayores centros del cerebro conocidos en términos *yogui* como el *ajna* y el *sahasrara chakras*. Fíjate que la palabra utilizada es *chakra*, que significa rueda. En realidad, *chakra* implica un área semejante a la de un remolino, una confluencia donde la energía cósmica, que puede ser observada por un clarividente, gira constantemente exhibiendo innumerables colores. A través de esos centros, la energía cósmica entra en el cuerpo humano.

La anatomía *Yogui* identifica cada uno de estos (mayores) *chakras* existentes con un correspondiente plexo nervioso ubicado en la espina dorsal del sistema humano llamado el *sushumna nadi*, el canal central. Las excepciones son los dos *chakras* superiores que están íntimamente conectados con el funcionamiento de dos pequeñas glándulas sin conductos, la pituitaria y la pineal, situadas en el cerebro.

Los *chakras* son: comenzando desde el más bajo, el *muladhara*, en la base de la espina dorsal; el *swadhisthana*, levemente sobre el anterior; el *manipura*, al nivel del ombligo; el *anahata*, al nivel del corazón; el *visuddha*, en el área del cuello, y el *ajna* y el *sahasrara* que mencioné anteriormente[14].

Ahora explicaré el secreto del *Laya Yoga* o *Kundalini Yoga*.

En cada ser humano reside el aspecto femenino de la energía cósmica llamada *Kundalini Shakti*, simbolizada por una serpiente enrollada tres veces y media en la base de la espina dorsal, en el *muladhara chakra*. Pero en todos los seres humanos, excepto en el *yogui* que ha dominado la técnica de despertarla, esta energía permanece inactiva, aunque potente como un resorte comprimido. Utilizando la técnica que solo puede ser aprendida directamente de un *gurú* y por ningún otro medio, el *yogui* logra, por constante esfuerzo, despertarla y dirigirla hacia arriba, penetrando *chakra* tras *chakra* para, finalmente, alcanzar el *sahasrara chakra* en lo más alto.

---

[14] N. del T.: Para ver las ubicaciones aproximadas de los *chakras*, referirse a la ilustración de tapa de este libro. Cada punto luminoso ubicado en el eje central de la figura del cuerpo humano representa a cada uno de los *chakras* mencionados en este párrafo.

Mientras *kundalini* va penetrando cada *chakra*, los conductos se limpian de todo tipo de impurezas que los estuvieran bloqueando, y el canal de comunicación con el Ser Cósmico se abre. Mientras *kundalini* asciende y cada *chakra* se abre, el *yogui* alcanza dimensiones de poder más y más nuevas. Sus conexiones con la Energía Cósmica se vuelven más fuertes, y así logra la capacidad de hacer maravillas.

Los poderes que manifiesta se llaman *siddhis* en terminología *yogui*. El *siddha*[15] perfecto es aquel cuya *kundalini* ha abierto el *sahasrara chakra* y entonces ha obtenido la capacidad de utilizar la mismísima fuente de Energía Cósmica.

Ahora te contaré más acerca del *ajna* y del *sahasrara chakras.* Estos son los más importantes y tienen relación directa con el conocimiento. El *ajna chakra* está situado en la frente, justo detrás del punto en donde se juntan las cejas. También es conocido como *trikuta* o *bhrumadhya* y es simbolizado por el tercer ojo de *Shiva*, el símbolo de la transformación y de la regeneración. Cuando este centro es activado, el *yogui* se vuelve clarividente, y adquiere la habilidad de utilizar el *chakra* como un instrumento para percibir fuerzas sutiles en dimensiones más allá del mundo de las percepciones sensoriales.

Así como una gota de agua vista bajo el microscopio revela un complejo y siempre activo sistema de partículas danzantes, el universo revela sus misterios al *yogui* que utiliza las facultades perceptivas especiales del *ajna chakra*. Él posee entonces un conocimiento al que el hombre ordinario no tiene acceso. El *ajna chakra* es, también, la estación transmisora a través de la cual el *yogui* puede enviar mensajes en la forma de ondas de pensamiento a otros seres humanos o a seres altamente evolucionados que habitan otras esferas sutiles.

El *sahasrara chakra* es el centro más alto y es la estación receptora de todos los mensajes provenientes de los seres espirituales altamente evolucionados que manejan el espectáculo cósmico. Cuando *kundalini* alcanza este centro y lo activa, el *yogui* es capaz de conectarse directamente con el Señor del Universo, y llegará a estar en un estado de trance llamado *samadhi*.

---

[15] Sabio.

Esto explica la inmensa sabiduría que despliegan grandes *yoguis*, aun aquellos que eran considerados analfabetos, una vez que entran en *samadhi*. La glándula pineal, ahora considerada un vestigio de órgano sin ninguna función conocida, tiene un gran papel en la activación del *ajna* y del *sahasrara chakras*. Luego te enseñaré cómo manejar estas energías[16]. El principal punto para recordar es que la práctica del *kundalini yoga* está íntimamente relacionada con la sublimación de las energías sexuales, pero no mediante la represión , la supresión o métodos forzados.

M: En los ejercicios que me enseñó, relacionados al *kundalini* yoga, hay mucho de visualización; uno debe imaginarse tantas cosas…Lo que me molesta es la idea de que, por alimentar tanto mi imaginación, ¿no quedaría aislado de la realidad y viviría en un mundo de sueños perpetuo?¿Es la imaginación un signo de progreso mental o de decadencia? Por favor, ilumíneme.

Maestro: Así como el pensamiento es la madre de toda acción, la imaginación o la visualización son la llave de todo logro.

La imaginación no es el signo de una mente enferma. Por el contrario, es el signo de una mente saludable y rica. Solo cuando no es controlada o se permite que "se amotine", se convierte en dañina. La imaginación deliberadamente controlada es, de hecho, la señal de un genio. Grandes científicos, artistas y hombres de todos los campos del empeño humano han tenido siempre una rica imaginación. El comienzo de cualquier emprendimiento creativo es la imaginación.

El artista, por ejemplo, visualiza todo en detalle antes de ponerlo en el lienzo. Pregúntale al hombre exitoso y rico y te dirá cómo él, cuando era pobre, había visualizado, en detalle, la casa en la que viviría, el auto que manejaría, las ropas que usaría y el dinero que

---

[16] Las técnicas prácticas no se pueden dar impresas ni por ningún otro medio sin la intervención personal de un Maestro. Deben ser aprendidas de un adepto perfecto. Fui advertido por mi *gurú* de que revelar las técnicas, por libros o por otro material secundario, puede ser peligroso para los novatos. En sus palabras: "Ten en cuenta que el *yogui* está jugando con fuerzas más poderosas que la electricidad o la energía atómica; ¡una movida incorrecta puede arruinarlo física y mentalmente!".

administraría una vez que fuese rico. Manteniendo estas imágenes constantemente en la mente y trabajando duro en las ideas que surgen de su subconsciente para alimentarlas, él translada sus sueños a la realidad. Esto respecto al mundo de los sentidos.

En el mundo sutil, el resultado es instantáneo. Uno no tiene que esperar demasiado. Cada pensamiento que pasa deja su impresión en el mundo invisible de materia fina que nos rodea. Pero cuando se contempla deliberadamente una imagen en particular en completo detalle -color, forma y demás-, se crea una fuerte imagen en el mundo sutil, comúnmente referido como el mundo astral. Cuando esta imagen es lo suficientemente fuerte, puede ser utilizada para influenciar aun entidades de esta tierra densa. Grandes *yoguis* crean buenos pensamientos y los dirigen hacia aquellos seres humanos que los necesitan. Los que ejercen la magia negra utilizan malos pensamientos para asustar y, a veces, hasta para matar a sus víctimas. Solo el *yogui* que ha alcanzado el más alto nivel es capaz, mediante un simple pensamiento, de transformar su visión en realidad física. Es raro encontrar esas personas, y no deberían ser confundidas con los *tántricos*, quienes transfieren objetos de un lugar a otro sin ningún medio visible de transporte; o con magos, quienes simplemente realizan trucos con las manos. No obstante, estos contados seres divinos, como regla, nunca demuestran sus poderes excepto bajo ciertas condiciones específicas.

Entonces, desarrolla el hábito de visualizar objetos buenos y hermosos cada mañana cuando te levantas en el ojo de tu mente -por ejemplo, una rosa o el símbolo *Aum*[17] en caracteres *devangari*[18], en

---

[17] N. de T.: *Aum* es un de las maneras de escribir el sonido o *mantra* primordial pronunciado como **Om**. En inglés, la "a" y la "u" se funden en un sonido semejante a la "o", por lo que la pronunciación de *Aum* es Om. En español sería más apropiado escribirlo directamente como "Om". No obstante, se decidió mantener el *Aum* del texto original ya que el escribirlo con tres letras permite seguir diversas interpretaciones acerca de esta sílaba que serán desarrolladas a lo largo del texto. Escribirlo con tres letras permite hacer una correspondencia entre nuestro alfabeto y el símbolo original en caracteres *devangari*. Por lo tanto el lector debe tener presente, cada vez que lee *Aum*, pronunciarlo como **Om**.

[18] Idioma de los Dioses. Para ver el símbolo *Aum* en caracteres *devangari* referirse a la **Ilustración 1** en el **Capítulo 8.**

azul eléctrico o en oro-, y esparce felicidad y buenos deseos mentalmente a todo el mundo.

Visualiza tus deseos detalladamente, y con seguridad los obtendrás. Pero nunca visualices daño a otros, pues eso detendrá tu propio desarrollo y te pondrá unos escalones más abajo en la escalera de la evolución espiritual. Te puedes imaginar a ti mismo en un estado de felicidad o de infelicidad. Es tu elección.

M: Tengo mis dudas aclaradas acerca de la imaginación. Pero estoy confundido acerca de la aseveración *yogui* que dice: "El meditador y el objeto de meditación se vuelven uno en la meditación profunda". Si contemplo un árbol, ¿cómo me puedo volver uno con el árbol?

Maestro: Has malentendido el significado de la oración como muchos otros lo han hecho.

Hay tres etapas en la meditación. En la primera etapa, *dharana*, uno se concentra en un objeto en particular. Cuando el suave flujo de concentración continúa ininterrumpidamente por un largo tiempo, uno está en *dhyana*. La culminación de *dhyana* es *samadhi*, en cuyo caso el meditador se olvida de sí mismo, y la única idea que existe en su mente es la del objeto acerca del cual él está meditando. Entonces nada, salvo el objeto, existe durante ese tiempo. En ese estado, el objeto es "descascarado" capa tras capa, y el *yogui* obtiene conocimiento de él en todos sus aspectos y sus ramificaciones.

No obstante aquellos que siguen el camino del discernimiento, los *jnana yoguis*, interpretan esto de una manera levemente distinta. Según ellos, "el que experimenta y lo experimentado son uno".

Para hacerlo más claro, déjame hacerte unas preguntas. Cuando dices que estás meditando en el *Aum* ¿qué sucede?

M: Cierro mis ojos e imagino un *Aum* color oro brillando en mi corazón.

Maestro: ¿Quién imagina ese *Aum*?

M: Yo, mi mente.

Maestro: Cuando dices "yo", ¿no quiere decir eso la completa colección de pensamientos que es tu mente, tus experiencias pasadas, tus emociones, tus reacciones, etcétera?

M: Sí, eso es verdad.

Maestro: ¿El *Aum* que visualizas, que es otra forma de pensamiento, no es también parte de tu mente?

M: Sí.

Maestro: Entonces, la diferenciación entre la colección de pensamientos que llamas "yo" y el *Aum* que visualizas, ¿no es una partición artificial elaborada por el pensamiento mismo? El que experimenta y lo experimentado, ambos pensamiento, ¿no son la mente misma? Son la misma entidad, la mente, una colección de pensamientos.

M: Comprendo lo que quiere decir, señor. Cuando la barrera artificial desaparece, todo lo que queda es el campo en el que tantos pensamientos aparecen y desaparecen. Y mientras observo los pensamientos que aparecen y desaparecen, perfectamente consciente de que yo, el que observa, soy solo parte de esa incesante ola de pensamientos, debería volverme más calmo de lo que antes he estado.

(Aquí, sin ningún intento consciente, entré en un estado meditativo no sé durante cuánto tiempo. Las incesantes ondas de pensamiento deben de haber perdido su identidad y se fundieron en la fuente donde habían sido creadas. Cuando salí de ese estado, sentí una inexpresable y profunda bienaventuranza de silencio y de paz. Mi *gurú* debe de haber observado y comprendido mi estado, pues sus próximas palabras fueron: "Bendito seas. Continúa disfrutando de ese océano de paz con la completa conciencia de que tú también eres solo parte del campo de pensamientos llamado mente, y perderás tu identidad finita. Lo que quedará es la realidad infinita y carente de pensamientos -La Paz Suprema").

M: Señor, la práctica de *pranayama*[19] es considerada de gran ayuda en la meditación. ¿Cómo es que favorece a un *yogui*?

Maestro: Has tocado el punto de una importante y mala concepción: asociar *pranayama* solo con la meditación y las prácticas *yoguis*. Es un error común. Otro error es confundirlo con algunas difíciles y a veces peligrosas prácticas de *Hatha Yoga*[20]. Quiero dejar claro que *pranayama* es una verdadera ciencia y, en su forma apropiada, debería ser conocida por todos para el propio beneficio. Ayuda a todos tanto como al *yogui*.

Antes que te dé algunos consejos prácticos -que muchos estudiantes de *yoga* pueden desconocer-, déjame decirte que muchos de los secretos del *pranayama* tienen aplicación para la prosperidad material también. Si te preguntas cómo una práctica que tiene beneficios materiales puede ser útil para el progreso espiritual, deberías saber que las enseñanzas *Vedanta* no están orientadas solamente hacia la salvación espiritual, la liberación o el *moksha*, como se suele suponer. También se ocupan del *dharma*, la rectitud; del *artha*, la adquisición de riquezas; y del *kama*, el deseo o el placer. Tratan el cómo y el porqué de la buena conducta tanto para un hombre de familia como para un *sannyasin*; el negocio de vivir, que incluye el comercio o cualquier actividad que contribuya a la prosperidad material, y la legítima satisfacción de los deseos de cada uno.

Este es el motivo por el cual, de acuerdo con la tradición *Védica,* la vida de una persona está dividida en cuatro etapas llamadas *ashramas.*

La primera etapa es *brahmacharyashrama.* Abarca el período en el que una persona es aprendiz de uno o de más Maestros para aprender todo lo que lo equipará para la próxima etapa,

---

[19] Control de la respiración que conduce al control de la fuerza vital (*prana*).

[20] *Hatha Yoga* es habitualmente entendido como las prácticas de *yoga* en la que se utiliza el cuerpo. No obstante, *Hatha Yoga* realmente se refiere a las prácticas mediante las cuales dos tipos de energía que circulan en el cuerpo – *Ha* (sol)*,* la energía cálida y *Tha* (luna), la energía fría – son concentradas y se las hace ascender por el canal central en la espina dorsal –*sushumna–* para lograr el estado de *samadhi.* Para detalles referirse al texto **Hathayoga Pradipika.**

grihasthashrama. En esta etapa está completamente comprometido con la vida del mundo, lo que implica casamiento, hijos, ganarse la vida, etcétera.

Una vez que se cumplieron las tareas del mundo y los hijos crecieron y pueden arreglarse por sí mismos, él y su mujer buscan lugares de soledad como bosques, *vana*, para contemplar los misterios de una vida más elevada, una vida espiritual. Esto se llama *vanaprasthashrama.*

La última etapa es *sannyashrama*. En ella, la persona que ha contemplado el mundo y las esferas sutiles, y que tiene más que un entendimiento intelectual acerca de la insustancialidad del mundo, decide renunciar a él en pos de una vida que lo conduzca a la Realidad Última, mientras mantiene su cuerpo como un mendigo. *Sannyasa* se adopta voluntariamente. Uno no es obligado por ninguna ley a pasar a este *ashrama*. De hecho, ha habido grandes seres espirituales iluminados que han permanecido como hombres de familia hasta el mismísimo fin de su existencia terrenal. Si una persona, por virtud de su gran desapego y de su falta de pasiones, pasase a *sannyasa*, se le daría un lugar especial en la sociedad y se la consideraría divina. Ha habido tales almas grandiosas aun en nuestra memoria reciente.

La mayoría de la gente debe pasar por todas estas etapas. Son raras excepciones las que, habiendo agotado todos sus *karmas*[21], saltean las dos etapas intermedias y pasan directamente de *brahmacharya* a *sannyasa*.

La verdadera ciencia del *pranayama* no quiere decir el control forzado o la retención de la respiración. Significa el estudio y la aplicación de las leyes bajo las cuales el *prana*, o la fuerza vital, opera en el cuerpo humano y cómo lo afecta física, mental y espiritualmente. Si tienes en cuenta que *prana* no es solo el aire inhalado y exhalado sino la energía cósmica magnética que sustenta al cuerpo, entonces te darás cuenta de que su correcta utilización es de gran importancia, tanto en el campo espiritual como en el temporal. En otras palabras, no está dirigida solo a aquellos interesados en la salvación espiritual. Aquellos que están atrapados

---

[21] Actividades del presente que se espera condicionen el futuro y actividades del pasado que condicionan nuestro presente.

en el día a día de la vida terrenal también pueden obtener beneficios materiales del *pranayama*. Quizás, después de lograr su prosperidad material continúen con las prácticas y, gradualmente, entren en el mundo espiritual por virtud del apropiado control de *prana*.

Ten en cuenta que *prana* no es el aire inhalado o exhalado sino la energía cósmica bioeléctrica que entra y que sale del cuerpo con cada inhalación y con cada exhalación. Puede ser controlada por aquel que conoce la teoría y las técnicas prácticas del *pranayama*. La energía etérea, *prana*, penetra sólidos y gases; está en todas partes.El cuerpo absorbe e irradia esta energía. De acuerdo con la ciencia del *yoga,* como es bioeléctrico en su naturaleza y está en circulación, el cuerpo humano actúa como un magneto que consiste en dos polos similares a aquellos en una barra de hierro magnetizada. Verticalmente, la cabeza y la mitad superior del cuerpo corresponden al polo norte de la tierra; la mitad inferior y los pies, al polo sur. El lado derecho del cuerpo es como el polo norte, y el izquierdo como el polo sur. Similarmente, el frente y la parte trasera de una persona son considerados como el polo norte y el polo sur, respectivamente. Este es el motivo por el que la posición en que uno funciona o descansa es muy importante.

Por ejemplo, cuando vamos a dormir, mantener nuestra cabeza apuntando al sur y los pies al norte asegura un sueño reparador y libre de tensiones. En esta posición, la dirección del cuerpo está de acuerdo con la dirección de la Tierra, y manteniene un balance armonioso con su campo magnético. No obstante, a la hora de trabajar o de ejecutar cualquier movimiento como parte de tu trabajo, es mejor realizarlo en la dirección este-oeste.

Ahora te contaré acerca de los canales por los que fluye la energía bioeléctrica. De acuerdo con la ciencia del *yoga*, especialmente *Sivasamhita,* el sistema nervioso completo es una delicada red interconectada de 72,000 nervios o *nadis*. De estos, solo tres son considerados importantes canales de energía desde el punto de vista práctico del *yoga.* Son el *sushumna,* el *ida* y el *pingala.*

El *sushumna* es el órgano a través del cual el *yogui* conduce la energía para lograr el estado de *samadhi*. Normalmente el *sushumna* permanece cerrado, pero el adepto puede abrir este canal mediante las prácticas de *yoga* conocidas como *kriya*. El *ida* y el *pingala* coordinan y controlan todas las funciones voluntarias e involuntarias del cuerpo humano que un adepto puede manipular según su voluntad. El *sushumna*, que está conectado con la espina dorsal, es el canal central, y el *ida* y el *pingala* están situados a cada lado de éste. El *ida*, que está a la izquierda del *sushumna*, comienza en el orificio nasal izquierdo, y el *pingala*, que está a la derecha del *sushumna*, comienza en el orificio nasal derecho. Ambos terminan en el coxis o *muladhara*.

Aquí hay un importante "secreto" para recordar: la respiración no fluye a través de ambos orificios nasales con la misma intensidad todo el tiempo en ningún ser humano. El flujo de la respiración se alterna entre ambos orificios cada 90 minutos. Los *yoguis* han comprendido la importancia de estos ciclos para influenciar los distintos estados de la mente. Te indicaré cómo sucede.

Debes haber escuchado sobre las funciones de los dos hemisferios del cerebro acerca de los cuales la neurología moderna ha hecho sus descubrimientos. Entonces debes saber que el hemisferio derecho, que controla el lado izquierdo del cuerpo, influencia la imaginación visual, la apreciación de la música, la percepción intuitiva, etcétera. El hemisferio izquierdo, que controla el lado derecho del cuerpo, es el asiento de capacidades como la adquisición de la lengua, el pensamiento analítico y lógico, el sentido del ritmo, etcétera. Mediante la constante práctica de *pranayama*, un *yogui* activa cualquiera de los hemisferios según su voluntad. Tú también puedes adquirir esta habilidad a través de la práctica.

M: Con todo el conocimiento que he adquirido de usted, ¿cree que podré tener éxito en mi camino si no tengo demasiada fe en usted? Hago esta pregunta por puro interés académico. Por favor, ilumíneme acerca del papel que tiene la fe en las búsquedas religiosas.

Maestro: La fe no es nada de lo que nos debamos reír. El mundo entero, incluyendo el de la ciencia, depende en una gran medida de la fe.

En la escuela, estudias todo acerca del universo en tus libros de ciencia. Como no estás en una posición como para explorar lo que se ha enunciado- por ejemplo, que hay nueve planetas en nuestro sistema solar que giran en torno al sol- lo aceptas con fe.

Por supuesto, cuando crezcas, quizás tengas oportunidad de encontrar por ti mismo si lo que has aceptado con fe es verdadero o no. Pero hasta entonces, "atas" tu fe a la sinceridad del científico que lo enunció en el libro que leíste.

¿No sería tonto negar la existencia de los nueve planetas porque no los has visto o porque no los puedes ver? Por supuesto, el estudiante realmente inteligente no lo aceptaría ni lo negaría definitivamente de inmediato. Lo aceptaría basándose en la fe hasta que encontrara un medio como para averiguarlo él de primera mano.

Esta es la clase de fe que le es requerida al buscador religioso serio. Él debe suspender todo tipo de juzgamiento acerca de las verdades que los Sabios han pronunciado después de experimentar aquello que está más allá de la capacidad de exploración del hombre ordinario. Mientras tanto, debería tratar de desarrollar en sí mismo las facultades que yacen fuera de los órganos sensoriales y del pensamiento condicionado. Una vez que haya alcanzado el mismo estado que un Sabio que proclama una verdad en particular, el tendrá la libertad de aceptarla o de descartarla. Aquel que niega una aseveración sin indagar, construye una obstrucción mental que bloquea todo conocimiento. ¿Cómo alguien puede buscar algo que ha negado de entrada?

Vedanta, por lo tanto, alienta la discusión saludable, y muchos de los *Upanishads* están en la forma de discusiones entre varios *rishis*, Maestros y sus discípulos. Estas discusiones son serias porque son esfuerzos conjuntos sinceros para llegar a la solución de un problema específico, y no simple indulgencia en sofistería inútil u ostentación acerca del conocimiento de uno. Tampoco son el pasatiempo para una hora desocupada. Son la misma esencia del estudio *Vedanta* y sirven para afilar el intelecto del buscador y ayudarlo a lidiar con temas de una naturaleza sutil.

También deberías notar que la palabra traducida al inglés como "fe" es, en sánscrito original, *shraddha*. Fe no es una traducción precisa de *shraddha*. De hecho, hay muchas palabras en sánscrito que no tienen una equivalencia uno a uno en inglés. *Shraddha*, además de significar fe, significa confianza en uno mismo y atención direccionada hacia un punto, el sagrado cuidado con que uno realiza sus esfuerzos. Cuando una persona tiene una fe incuestionable en su propia capacidad para lograr su objetivo, sea espiritual o temporal, esta no es perturbada por pensamientos negativos que debilitan la voluntad y quitan coraje al espíritu. No perturbada por ningún pensamiento desmoralizador, la persona que tiene fe en sí misma persiste en sus esfuerzos hasta el final y obtiene lo que se propuso.

Por eso se dice que la fe puede mover montañas. Ese tipo de fe no contradice la razón pero la complementa. Ten fe en tu divinidad esencial, hijo, y lograrás aquello que parece imposible. Prueba tu fe tratando de obtener información y experiencia de primera mano, verás que las dudas y el escepticismo gradualmente se desvanecen. Una persona se libera totalmente de sus dudas una vez que ha logrado *Turiya*.

Para ese entonces habían transcurrido casi dos semanas. Dada la opción, me hubiese quedado con mi *gurú* hasta que finalizara mi vida mortal. Pero eso no habría de suceder. Para usar mejor el poco tiempo restante de mi estadía, persistí en aprender más y más de él. Su respuesta a mi inquietud fue la siguiente:

Maestro: Hay un límite para todo, incluso para la dosis de enseñanzas que se pueden dar en un determinado momento. Más sería un desperdicio, ya que tu mente no está preparada para comprenderlo; menos, te daría la idea de que eso es todo lo que hay acerca del conocimiento, y, entonces, creerías que ya lo sabes todo. Tu afán de aprender más muestra que te das cuenta de tus limitaciones. Y es una buena señal, la señal de un estudiante sincero. De todos modos, antes que te retires, te contaré una historia que es de gran utilidad para todos los buscadores sinceros.

La historia es de Ananda, el gran discípulo de Buddha. A pesar de su devoción hacia su Maestro, una vez se volvió extremadamente agitado y perplejo ante lo que él creía era un problema sin solución. Las dudas lo asaltaron de tal manera que, además del tema de las escrituras que él estaba tratando de resolver, llegó a cuestionarse las mismas enseñanzas de su Maestro. Las emociones conflictivas lo sobrepasaron, y como un escape a su angustia y a su ansiedad, comenzó a caminar sobre el suelo áspero con tal intensidad que sus pies comenzaron a sangrar. Aún así, la solución al problema no aparecía.

Buddha lo había estado observando por algún tiempo. Movilizado por la agitación de su amado discípulo, Buddha lo llamó. "Ananda", dijo mirándolo gentilmente, "trae tu *veena* y toca para mí una hermosa melodía. Relájate ahora. Nos ocuparemos de tu problema más tarde".

Ananda era un gran músico. Llevó su *veena* y, cuando estaba a punto de tocar, su Maestro interrumpió. "Afloja las cuerdas" dijo. Ananda quedó perplejo ante ese extraño pedido pero obedeció. "Ahora toca," dijo Buddha. "¿Cómo puedo tocar cuando las cuerdas están flojas?" dijo Ananda. "Está bien," dijo Buddha, "tensa las cuerdas." Cuando estaban lo suficientemente tensas como para tocar y él estaba listo, Buddha dijo: "Ténsalas más." "Las cuerdas seguramente se romperán, mi Señor" dijo Ananda.

El gran Maestro sonrió y dijo: "Ananda, no tengo ninguna necesidad de escuchar música. Cuando la tenga, puedo escuchar la música de las esferas. Te hice atravesar estas etapas solo para puntualizar algo. Al igual que las cuerdas de la *veena* que deben ser estiradas solo hasta un límite óptimo para tocar música armoniosa, también debe la mente estirarse hasta su límite correcto para un desempeño efectivo, ni más ni menos. Una mente perezosa, como las cuerdas flojas que producen solo ruidos apagados, puede tener únicamente pensamientos confusos y pesados. Similarmente, una mente estirada más allá de su capacidad, está tensa y es incapaz de tener pensamientos claros. En esa mente, los pensamientos fluyen tan rápido que no puede haber coherencia. Sin coherencia, es probable que esa mente colapse bajo la tensión e incluso puede caer en la locura. La clave para el pensamiento claro y la resolución de problemas es, entonces, una mente alerta pero relajada. La concentración no es tensión, y solo es posible cuando la mente está relajada pero atenta".

Ananda comprendió el mensaje.

M: En el caso de una gran alma como Ananda, tal estado mental no debe de haber ocurrido más de una vez, especialmente con El Iluminado como guía. Pero ¿qué hay acerca de la gente ordinaria como yo que cae en ese tipo de dudas más frecuentemente? De tanto en tanto, siento que no estoy llegando a ningún sitio, y me tienta la idea de abandonar el progreso espiritual y de vivir como me dé la gana. Cuando las dudas aparecen, siento que no soy apto o que no estoy haciendo correctamente mi *sadhana*. Es solo con una gran fuerza de voluntad que puedo comenzar de nuevo. ¿Me sucede solo a mí o es común? Por favor, dígame qué hacer cuando caiga nuevamente.

Maestro: Este no es un fenómeno peculiar a ti. Todo aspirante sincero pasa por estos estados oscuros. Son las herramientas que las fuerzas negativas de la Naturaleza utilizan para probar la sinceridad del aspirante. Grandes Santos han pasado por estos estados. No te preocupes porque pasan. En términos espirituales, se llaman **la noche oscura del alma**.

Cuando tal estado aparece, medita tranquilamente, canta el sagrado *Aum* o, simplemente, relájate escuchando música hermosa y armoniosa. No tomes ninguna decisión seria. Espera a que tu mente se libere de la tensión. Una persona que conoce los secretos de *pranayama* puede recuperarse de esta condición fácilmente. Después, **la noche oscura del alma** da lugar a la luz del día, y serás capaz de pensar con claridad.

Una vez que tu mente logre la capacidad de experimentar la bienaventuranza espiritual personalmente y comiences a depender menos de lo que otros te han enseñado y de lo que has leído, y cuando la experiencia reemplace los conocimientos teóricos, todas las dudas se desvanecerán y tu progreso en el camino espiritual se acelerará.

Capítulo 4
La esencia del Hinduismo

La palabra "Hinduismo" no es usada aquí en el sentido estrecho de cualquier "ismo", esto es, un credo o una secta. La palabra en sí misma fue acuñada mucho más tarde. Lo que le es asignado al término existía desde antes. Es de una antigüedad mucho mayor que la restrictiva prisión de una religión, un credo o una secta. Por cuestiones prácticas podemos adherir a esta nomenclatura, aunque no debería confundirse con ninguna religión encadenada a una institución. El Hinduismo abarca tanto las enseñanzas espirituales con su filosofía y su metafísica como también las formas culturales que son agregadas a cualquier sistema de estas características. Todo esto junto forma el *Sanatana Dharma*[1]. No existe libro, tema, o persona alguna que pueda reivindicarse inalienablemente como fundadora o como autoridad dentro del Hinduismo. Su base es un vasto cuerpo de literatura que comienza por los *Vedas*, que han existido casi desde el comienzo mismo de la civilización. Es verdad que ha habido anexos y explicaciones realizados por sucesivos Sabios y Maestros, quienes con su sabiduría han enriquecido los *Vedas* sin distorsionarlos. Pero los *Vedas* no tienen un autor identificable.

Aunque cada uno de los *Vedas* está dividido en los *Samhitas,* himnos; *Brahmanas,* tratados teológicos y ritualismo; y los *Upanishads*, cuestionamientos filosóficos, son los *Upanishads* los que tienen una incomparable aceptación por parte de diferentes personas, por diferentes motivos, en diferentes tiempos.

No hace falta buscar demasiado para encontrar la razón. En palabras de Deussen: "Son concepciones filosóficas sin igual en la India, más aún, quizás en ninguna otra parte del mundo".

Casi todos los problemas filosóficos son tratados allí. Los *Brahma Sutras* o *Vedanta Sutras*[2] de Vyasa[3], el *Bhagavad Gita*[4] y los

---

[1] Etimológicamente *dharma* quiere decir "sostener, tener o mantener". Es entonces la forma de las cosas como son y el poder de mantenerlas como son. *Sanatana Dharma* puede ser vagamente traducido como la eterna ley que sostiene y gobierna el Universo y todo lo que le atañe.
[2] *Sutra*: aforismo.

Upanishads forman la trilogía del Hinduismo conocida como el *prasthana traya*. Y el *prasthana traya* puede ser considerado como la suma y la sustancia del Hinduismo. Su importancia puede ser medida por el hecho de que todos los grandes *acharyas*[5], sean *advaitins*[6] como Shankara, *vishishtadvaitins*[7] como Ramanuja, o *dvaitins*[8] como Madhava, los han aceptado como autoridad para sustanciar y apoyar sus propios argumentos filosóficos.

Entonces cuando hablamos de la esencia del Hinduismo, estamos incluyendo todo esto junto. También incluimos: la literatura *bhakti*[9]; la literatura acerca del *karma yoga*[10], que se encuentra perfectamente ilustrada en el *Bhagavad Gita*; y lo que puede llamarse el *jnana marga*[11], literatura que está muy bien representada en los *Upanishads* y en los comentarios acerca de ellos, desde *Gaudapada*[12] en adelante. Un estudio de toda esta literatura va a dar a un estudiante una comprensión de lo que se quiere decir con la esencia del Hinduismo. Es un cuerpo de literatura universal en el que cualquier *adhikari*, aspirante calificado, puede indagar. Que alcance o no el objetivo de su búsqueda es otra historia. Alguien calificado para indagar en ellos debe tener las cualidades requeridas: debe ser muy serio y sincero en su intento por indagar acerca de la Verdad.

---

[3] Vyasa fue un gran *rishi* a quien se le adjudica la compilación de los *Vedas*.

[4] 'La canción del Señor'.

[5] Maestros.

[6] Filósofos Indios que creen que solo existe una única realidad suprema (monistas).

[7] Filósofos Indios que creen en el no-dualismo cualificado.

[8] Filósofos Indios dualistas.

[9] *Bhakti* quiere decir devoción. *Bhakti yoga* es un camino espiritual que pone gran énfasis en la devoción hacia el Ser Supremo en cualquiera de sus manifestaciones.

[10] Camino espiritual que pone gran énfasis en el trabajo no-egoista o desapegado de los resultados.

[11] 'El camino de la sabiduría'. Es uno de los caminos hacia el Ser Supremo que pone énfasis en el análisis intelectual.

[12] *Gaudapada* fue el primer comentador de los *Upanishads*. Fue *gurú* del *gurú* de *Shankara*.

Sería útil, en este punto, intentar vislumbrar cuál sería la meta más elevada a la que tal indagación llevaría a un aspirante sincero. Hay diferentes caminos para llegar a esta meta. Aún así, la meta es una: encontrar la respuesta a la pregunta básica expuesta por uno de los *Upanishads*, el *Kenopanishad*: "¿Quién o qué es lo que se sienta detrás de mis ojos y ve a través de ellos; qué es aquello que escucha cuando digo "He escuchado"; quién o qué es lo que le da a mi mente su capacidad de pensar; quién es ese *Deva*[13], quién es ese Ser que es responsable por el hecho de que yo diga: "Veo", "Escucho", "Pienso"; ¿qué o quién es ese?"[14]. Esta es una pregunta metafísica y no una pregunta terrenal cuya respuesta puede ser encontrada en el curriculum vitae de las personas.

La indagación de los *Upanishads* es profunda, va directamente a descubrir la raíz básica, la Esencia de nuestro Ser. La pregunta real es: "¿Quién soy yo? ¿Soy solo este montón de huesos y de carne? ¿O soy realmente el cuerpo físico mismo? ¿O, como diría un ocultista, "Soy un cuerpo sutil dentro de un cuerpo físico"? ¿O soy algo mucho más profundo, mucho más sutil que todo esto junto? ¿Hay un Ser en mí que esté más allá de todas las limitaciones de ambos, el cuerpo físico y la psiquis?

Si uno practica alguna técnica de *yoga*, *tantra* o *mantra*, uno puede desarrollar algunos *siddhis* o poderes psíquicos. Aunque esos poderes pueden ser adquiridos, ellos no te ayudarán a realizar a *Brahman*. El *Brahman* del que hablan los *Upanishads*, el *Bhagavad Gita* y todas las demás escrituras está más allá de cualquier etapa intermedia del desarrollo espiritual. Si el buscador hace un sincero y persistente esfuerzo - haya obtenido o no cualquiera de estos poderes- podrá, finalmente, realizar esta Realidad. No obstante, lo que queda en este nivel no es su mente ni su intelecto ni cualquier otro instrumento de cognición comúnmente conocido, sino *Brahman* mismo. Él no es más una persona identificable con su cuerpo exterior ni con sus acciones: se convierte en pura Conciencia Absoluta.

---

[13] Poderes de la naturaleza en forma de deidades.
[14] Ver también el **Capítulo 6: La búsqueda del verdadero Ser según Vedanta**, donde esto es elaborado.

La pregunta de los *Upanishads* es contestada de una manera levemente diferente en el *Bhagavad Gita*[15]. Aquí Krishna dice: *"Aham Atma Gudakesha, sarva bhutasya sthithah; Aham adis ca madhyam ca bhutanam anta eva ca"* - "Yo soy el Ser, el *Atman*[16] en el corazón de todas las criaturas; el principio, el medio y el fin de todos los seres". Observarás una sutil diferencia en esta respuesta. Mientras que a *Brahman* de los *Upanishads* (que es el mismo que el *Atman* del *Bhagavad Gita*), se lo conoce como sin atributos, *nirguna*, aquí encontramos que Krishna, el Señor, se asigna a sí mismo el término *Atman*. Y Krishna tiene atributos, *saguna*. Esta diferencia aparente es bien reconocida por *Vedanta,* que se refiere tanto a *Brahman nirguna* como a *Brahman saguna*. El *Brahman nirguna* de los *Upanishads* es Conciencia Absoluta que trasciende todos los estados que pueden ser determinados o comprendidos por la experiencia ordinaria; no puede ser afirmado por referencia a nada que podamos experimentar normalmente. Por otro lado, *Brahman saguna,* donde *Brahman* es identificable con una manifestación específica[17] de Dios (como por ejemplo *Krishna),* tiene un contenido descifrable: los atributos de Dios; se lo puede afirmar y se puede decir algo acerca de Él. No obstante debemos enfatizar que lo esencial de la experiencia en ambos casos no es cualitativamente diferente. Los caminos que conducen a esta experiencia son el *jnana marga* para realizar a *Brahman nirguna*, y el *bhakti marga*[18] para *Brahman saguna*[19].

---

[15] El *Bhagavad Gita* ('La canción del Señor') es un texto religioso y filosófico en el que *Krishna,* la última encarnación de *Vishnu* en la tierra, le transmite su sabiduría a su amigo y discípulo *Arjuna,* quien es un príncipe de la dinastía *Pandava*. Se supone que todo el *Bhagavad Gita* fue enseñado por *Krishna* a *Arjuna* en el campo de batalla, cuando *Arjuna,* enfrentado con el ejército de la dinastía *Kaurava,* quienes eran sus primos, se acobarda y quiere retirarse de la batalla de la vida.

[16] El principio consciente en los seres humanos (alma).

[17] Las manifestaciones específicas de Dios se conocen como *Ishta Devatas*.

[18] El camino de la devoción.

[19] Según *Eloit Deutsch,* en su obra *Advaita Vedanta: Una reconstrucción filosófica, "Brahman saguna* es el contenido de una experiencia **amorosa** de **unidad**; *Brahman nirguna* es el contenido de una experiencia **intuitiva** de **identidad**. *Brahman saguna* no es la forma más elevada posible de experiencia; no obstante es una experiencia extremadamente valiosa en el

Si miras el verso, hay otro punto sorprendente - Krishna utiliza la palabra *Gudakesa*, conquistador del sueño, como una manera de referirse a Arjuna. En el *Gita*, encontrarás, que en muchos lugares, Krishna llama a Arjuna con diferentes nombres. A veces como Arjuna, otras como *Kaunteya;* otras es *Gudakesa;* otras *Nagha*; otras también lo llama *Mahabaho,* el de miembros fuertes. Hay dos razones para esto. Una es que si examinas esa palabra en particular, encontrarás que es aplicable al contenido del verso en el que se encuentra. La otra es que Krishna es un gran psicólogo. Si le dices a una persona "Eres un estúpido" todo el tiempo, jamás aprenderá nada. En la vida real lo que sucede es que el maestro entra en la clase con una gran vara en sus manos. Ni bien entra, los estudiantes comienzan a temblar. Luego hace una pregunta a uno de ellos y este contesta muy nervioso, y la respuesta puede no ser la correcta.

El maestro dice inmediatamente: "Eres un estúpido". El alumno está acabado, a partir de ese día no va a aprender nada y abandona porque se identifica a sí mismo con la estupidez. En el *Gita*, por el contrario, Krishna le da coraje a Arjuna a cada paso. Cuando le dice *Mahabaho*, él quiere decir "Yo sé que eres un tipo fuerte, pero eso no es todo; aún hay muchas cosas que debes aprender".

Aquí Krishna llama a Arjuna *Gudakesa* , que quiere decir "aquel que ha conquistado el sueño". ¿Por qué Arjuna es llamado "aquel que ha conquistado el sueño"? ¿Cuál podría ser el significado? ¿Arjuna tenía insomnio? No es eso. Uno no se convierte en gran *yogui* por desarrollar la falta de necesidad de dormir. De hecho, los *yoguis* cuya mente está muy calma duermen muy profundamente - estado llamado *yoganidra*- y descansan mucho más que cualquier otra persona. Si uno comprende el contexto en el que este nombre es utilizado, el significado se vuelve claro. Aquí *Gudakesa* quiere decir "aquel que ha conquistado la oscuridad de estar dormido", que es la ignorancia.

---

sentido de que habilita al *advaitin* (...) a afirmar en un nivel la cualidad esencial de todo aquello que tiene ser." Por supuesto que esta manera de verlo es la de los *Advaitins*, practicantes del *jnana marga* como Sri Shankara. Los *Bhaktimargis* como Madhava y Ramanuja no están de acuerdo con este argumento. Este debate no debe molestarnos si aceptamos el hecho de que no cualquiera puede seguir el camino abstracto del *jnana*, mientras que el *bhakti marga* puede ser seguido por todos.

Hay dos razones por las que Krishna utiliza esta forma de dirigirse a Arjuna. Primero, está hablando acerca de la posibilidad de que Arjuna realice en su esencia la Verdad. Cuando esto pase y Arjuna entre en el estado superconsciente o *samadhi*, aunque sea por cinco o diez minutos, su sistema completo se relajará absolutamente - habrá una especie de animación suspendida, y cada célula de su cuerpo podrá descansar en forma completa. Entonces dormir normalmente no será necesario para que él rejuvenezca. En segundo término, *Vedanta* dice que estamos todos en un estado de ilusión. Debemos tener cuidado y comprender este enunciado correctamente. Hay una tendencia a malinterpretarlo cuando se dice que el mundo en si mismo es una ilusión. El significado real, más bien, es que todos sufrimos de ilusiones. Despertar de ese sueño de ilusiones es ser libre. No obstante, Krishna sabe que este estado de superconsciencia, que es un estado diferente del de la conciencia durante los estados de vigilia y de sueño, no puede ser logrado por Arjuna en un tiempo corto. Cuando Arjuna, finalmente, realice este estado de superconsciencia, cuando finalmente experimente que su esencia interior está constituida por Krishna mismo - *"Aham adishesha bhutanam anta"* - que "Él es el principio, el medio y también el fin", y que Él es también el *Atman* que está dentro de él, entonces se podrá decir que ha conquistado completamente el sueño de la ignorancia.

No hay ningún curso intensivo disponible para lograr este objetivo. Uno puede lograrlo o no. Se puede lograr en un período corto de *sadhana* o luego de muchos años de serio esfuerzo. La bien conocida historia de Shankaracharya y de su discípulo Hastamalaka es instructiva en este contexto. Shankara, cuya fama como filósofo y Santo se había esparcido vastamente, estaba deambulando por el sur de la India. Un día fue llevado a la casa de un niño pequeño por sus padres. Ellos estaban enfrentando un problema poco usual. Le dijeron: "Por favor, venga con nosotros; nuestro niño no habla. Desde que nació no ha abierto su boca; solo permanece allí sentado. Quizás esté sufriendo de alguna enfermedad. Lo hemos intentado todo. Los médicos ayurvedas han hecho lo mejor que han podido. Pero nada lo mejora. Quizás, usted pueda hacer algo para salvarlo". Shankara observó a ese niño sentado en un rincón y le preguntó: "¿Por qué no hablas?", y el niño contestó: "¿Acerca de qué?". Los padres estaban muy contentos. Esta era la primera vez que había dicho algo. Shankara dijo: "De lo que tú quieras." El niño respondió: "Aquello que es la Verdad, no hay palabras que puedan describirla. Y si lo expresamos en palabras, no pueden ser la descripción de la Verdad; entonces, ¿qué he de decir?" Se supone que luego Shankara le dijo: "Estás listo, ven conmigo". El niño le contestó: "Te he estado esperando", y acompañó al Sabio de ahí en adelante en sus viajes. Shankara lo nombró Hastamalaka, que quiere decir 'que tiene la Verdad en su palma (*hasta*) como si estuviese sosteniendo una grosella en ella (*amalka*)'. Pueden haber, por consiguiente, algunos casos excepcionales como este. Uno nunca sabe.

Para ver cómo es que podemos conquistar este estado de estar dormido en la ignorancia, vamos a referirnos al *Mandukya Upanishad.* Como la explicación que se da en él puede encontrarse en otros lugares de este libro, aquí solo van a ser recapitulados los puntos salientes. Este *Upanishad* comienza con una descripción y con una explicación de la palabra *Aum.* Primero, se discute la teoría y, en los últimos versos, se explica cómo esta palabra ha de ser utilizada prácticamente para despertar del estado de estar dormido en la ignorancia. *Aum* se divide en tres partes, comenzando con la "a", que es el sonido más simple y básico que todo ser humano puede pronunciar. El canto comienza entonces con la "a" para trasladarse después a la mitad de la lengua y pronunciarse el sonido "u", después del cual se traslada a la última parte para el sonido de la "m", donde la boca se cierra - *Aum.* Después de eso, si uno quiere pronunciar cualquier sonido fresco, esto es **crear** un nuevo sonido, uno debe abrir su boca nuevamente. Hay muchas discusiones acerca de esta palabra en varias escrituras donde las tres sílabas son identificadas con la creación, la preservación y la destrucción[20]. No obstante, en el *Mandukya* esto es explicado de una manera ligeramente diferente. Allí se dice que la "a" representa el estado de vigilia de la conciencia, el estado normal en el que todos nosotros funcionamos cuando estamos despiertos. El sonido "u" representa el estado de sueño o el *swapna avastha*, esto es cuando dormimos y soñamos. Y finalmente la "m" representa el estado de dormir

---

[20] Recordar la trinidad Hindú (*trimurti*): *Brahma* está a cargo de la creación, *Vishnu* de mantener o preservar lo creado y *Shiva* de destruir lo creado, permitiendo la regeneración y renovación de la creación. Son diferentes aspectos del Ser Supremo.

profundamente sin sueños o *sushupti*. Estos son los tres estados de conciencia que todos conocemos.

El *Upanishad* habla luego de un cuarto estado de conciencia llamado *Turiya Avastha*, que, en realidad, no puede ser llamado un estado porque no se asemeja a ninguno de los tres estados conocidos de conciencia. *Turiya* trasciende los tres estados de vigilia, de sueño y de sueño profundo sin sueños. Cuando estamos despiertos, el estado de soñar es irreal. Cuando estamos soñando, el estado de vigilia es irreal. Cuando estamos durmiendo profundamente sin sueños, *sushupti*, todos estos estados dejan de existir. No hay reconocimiento de nada. Aún así, cuando te despiertas dices: "Oh, qué sueño profundo tuve".

Esto muestra que **ha habido** un testigo de esto, pero que no recordamos la experiencia o no somos conscientes de ella mientras está sucediendo. De acuerdo con el *Mandukya, Turiya* es ese Testigo que existe todo el tiempo: en la vigilia, dormido soñando y dormido profundamente sin sueños. De acuerdo con *Vedanta*, el *yogui* es quien reconoce o quien ha comprendido que ese Testigo – que es también llamado *Sakshi*, simple Testigo - no es alterado por ninguno de los cambios que tienen lugar durante el estado de vigilia, sueño o sueño profundo sin sueños.

Vedanta dice que ese Testigo es el Tú real. Normalmente te identificas con uno o con otro estado, sea el de vigilia, dormido soñando o dormido profundamente sin sueños. Cuando el Testigo se mantiene desidentificado de cualquiera de estos estados, se puede decir *Tat tvam Asi,* esto es, "Tú eres Eso". Una vez que este nivel es alcanzado - en realidad no se puede decir "alcanzado" porque no es algo para ser alcanzado- cuando esto se realiza o se descubre, entonces permanece para siempre. No es algo que puede ser descubierto y luego olvidado. Uno comprende, entonces, que ese simple Testigo permanece inalterado a través de los tres estados, a la vez que **es consciente** de lo que está sucediendo pero **no está involucrado** en nada de lo que está pasando. En la literatura *Vedanta* se lo describe como *Satchidananda.* Se supone que es *nirguna*, esto es 'sin atributos'. *"Sat"* quiere decir que **Él existe**; sea lo que fuere que exista o no exista, **Eso existe**; sea lo que fuere que haya existido antes y ahora no existe más, **Eso existe**. Por lo tanto *Sat* quiere decir la **Existencia propiamente dicha**. *"Chit"* significa la conciencia de la existencia. Y, finalmente, está lleno de *Ananda* o Bienaventuranza. El *tantra* también define la Realidad, aunque *tantra* es generalmente asociado a varias cosas extrañas. Es verdad que hay partes del *tantra* que están asociadas a cosas extrañas, pero también hay otras partes que no lo están. *Tantra* define la Realidad Última como *Anantam Anandam Brahma,* esto es: *Ananda* (Bienaventuranza) que no tiene fin, esa *Ananda* interminable es *Brahman.* En los *Vedanta Sutras* de Vyasa, este *Brahman,* la esencia de todos los seres, es descrito como *"Asti Bhadi Priya",* en lugar de *Satchidananda. Asti* quiere decir que **Eso existe - Eso está allí**; *Bhadi* significa la conciencia, el esplendor, la luz; y *Priya* significa amor, que es muy cercano a *ananda.* Estas son cualidades predominantes de *Brahman,* o *Atman,* si prefieres llamarlo así.

De todo lo anterior, que es solo una muy breve revisión de la esencia del Hinduismo, uno puede apresurarse a sacar la conclusión de que es demasiado teórico, muy metafísico como para llevarlo a la práctica; que puede estar bien para leer algunos libros o para filosofar un rato, pero que no tiene aplicación en nuestra vida cotidiana.

Nada puede resultar más lejano a la verdad. El cuerpo de la literatura llamada *Vedanta* es una vasta reserva de todas las **experiencias reales** de los *rishis* desde tiempos inmemoriales. Es una reserva de conocimiento práctico en la que cualquier lección que una persona desee puede ser obtenida y es también tan infinita, que no hay miedo de que se agote. Además existe la posibilidad de que se hagan nuevos descubrimientos en este campo, y que estos sean agregados nuevamente a la misma reserva. Esta es una reserva llena de las experiencias de las personas que han entendido y experimentado realmente la esencia de las enseñanzas en diferentes aspectos y en distinto grado. De manera diferentre a algunas teorías que no pueden ser probadas por la experiencia, aquí, afortunadamente, hay un cuerpo completo de literatura cuyos autores son una línea de *rishis* que han experimentado por sí mismos lo que enseñan. Cada uno de ellos nos ha hablado de acuerdo con sus propias tendencias. Cada ser humano es diferente de los demás en aptitud y en temperamento. Por eso tenemos diferentes caminos como el *Jnana Yoga,* el *Bhakti Yoga,* el *Raja Yoga* y otros. Pero si hay un compendio que trata con varios caminos - y por consiguiente, con la esencia del Hinduismo- ese es el *Bhagavad Gita*. Cada capítulo de este gran *vademecum* elabora un camino distinto para alcanzar la misma meta y cada individuo puede elegir el camino con el que más se identifica[21].

Que el progreso sea rápido o lento dependerá del método adoptado por el individuo, de sus aspiraciones, de su esfuerzo, y del camino que siga. No obstante, no importa en esencia que camino siga, pues el resultado final será el mismo.

Para tener una idea de uno de los aspectos prácticos del Hinduismo, recurramos al *Bhagavad Gita*. El *Bhagavad Gita* ve a la mente humana como un gran obstáculo en el camino hacia la Realidad, porque puede causar incalculables estragos. Lo que le pasa a una mente (o intelecto) que está severamente agitada es descrito en el siguiente *shloka* del *Bhagavad Gita*, (Capítulo II - *Shloka* 62 y 63):

"Dhyayato vishayanpumsaha, sanghasteshupajayate;

sanghat sanjayate kamaha kamatkrodho abhijayate;

krodhadbhavati sammohaha, sammohat smritivibrahma;

smritibrahmashat buddhinasho; buddhinashat pranashyati."

"Aquel que piensa con ansia en los objetos sensorios,

se genera en él una inclinación hacia ellos.

Esta inclinación se transforma en deseos,

y los deseos engendran enojo.

El enojo genera ideas erróneas,

y las ideas erróneas resultan en pérdida de la memoria.

La pérdida de la memoria genera la destrucción de la inteligencia discriminatoria,

---

[21] El *Bhagavad Gita* es uno de los más claros y comprensivos sumarios de la Filosofía Perenne que jamás se haya hecho. De ahí su valor perdurable, no solo para los indios, sino para toda la Humanidad. El *Bhagavad Gita* es quizás el enunciado más sistemático de la Filosofía Perenne.

y la pérdida de la inteligencia discriminatoria lleva al hombre a su ruina."

Esta es la descripción del estado de una mente agitada. Lo que requerimos es justamente lo opuesto. Cuando tu mente está continuamente expuesta a los cinco sentidos, y cuando los sentidos están constantemente en contacto con objetos sensoriales mundanos, se desarrolla en ti un apego a estos últimos. Luego despierta el deseo de poseer esos objetos. No puedes mantenerte completamente al margen de los objetos mundanos viviendo en el mundo como lo haces. A veces, cuando no puedes adquirirlos o disfrutarlos, te invaden la frustración y el enojo. Cuando estás enojado, tu razón no funciona; no piensas en los pros y los contras. Hasta pierdes la memoria, te olvidas de que eres un padre o una madre o una esposa. Es una especie de locura. Cada pedacito de enojo, cada período de enojo es locura. Una mente así agitada no sirve ni para investigar un problema científico ni para disfrutar de buena música. Para desarrollar cualquier actividad satisfactoriamente debes utilizar toda tu energía y toda tu atención. Para hacer esto requieres cierta calma y cierta estabilidad primero, pues una mente agitada no puede hacer estas cosas.

El enojo no siempre es expresado inmediatamente. Muchos enojos no expresados son suprimidos dentro de la psiquis y producen incalculables daños a futuro.

Puedes imaginarte el estado mental de una persona que esté constantemente expuesta al mundo sensorial y su insidioso impacto en ella. Se confunde, y esta confusión lleva al *smritibrahmah*, la pérdida de memoria. La pérdida de memoria, a la vez, lleva a *buddhinashah*, la destrucción de la inteligencia. Y luego tiene lugar toda la secuencia descripta anteriormente. ¿Cómo puede uno evitar esto? Podría preguntarse: ¿debo amputar todos mis sentidos? Esto es imposible. Aquí es donde aparece la práctica del *yoga*. Krishna le dice a Arjuna que el requisito básico para una experiencia personal de La Verdad es un estado de mente calma. Uno no puede avanzar en el camino espiritual hasta que no sea capaz de sentarse y, de una manera **calma,** manejar cualquier situación, y esto es posible solamente si uno ha tenido el entrenamiento necesario para hacerlo.

Todo tipo de *yoga*, particularmente el *Ashtanga Yoga* (o el *yoga* de los ocho miembros), provee una técnica práctica específica para este propósito, aunque sería un error decir que va a proporcionarle a uno un método para alcanzar la Verdad. Solo formula una técnica práctica para concentrar la mente y las energías y para alcanzar un estado de estabilidad mental desde donde se puede despegar en el camino del progreso espiritual. La gran escritura llamada *Ashtanga Yoga Sutras* de Patanjali define al *yoga* como: "*Yoga chitta vritti nirodha*"; esto es, Yoga es calmar las vibraciones de *chitta*, nuestra mente, que, normalmente, está en movimiento todo el tiempo saltando de una cosa a la otra. *Nirodha* es detener esos saltos de nuestra mente. Esto se logra con la práctica del *yoga*.

Para obtener todos los beneficios del *yoga*, uno debe observar varias disciplinas mentales y morales conocidas como *yama* y *niyama*[22]. A primera vista pueden parecer irrelevantes, pero, observándolas más de cerca, descubrirás que son esenciales para mantener la salud del cuerpo y de la mente. Solo después de practicarlas uno comienza a pasar a la siguiente etapa. No obstante, esto no quiere decir que uno debe convertirse primero en un ser moralmente perfecto y recién después practicar yoga. Esto así nunca funcionará. Ambas cosas deben practicarse simultáneamente.

Nadie puede ser absolutamente perfecto, y los *rishis* sabían eso. El absolutamente perfecto, *Jeevanamukta*, no necesita practicar *yoga*. El hecho de que uno esté tratando de practicar quiere decir que hay defectos en él, que hay vastas áreas donde se puede mejorar. Uno puede tropezar en el proceso pero no debería rendirse. Hasta en las cosas mundanas intentas y fallas algunas veces; luego intentas nuevamente y puedes volver a fallar. Aquí se requiere mucha más

---

[22] *Yama,* disciplina moral y social, comprende: *ahimsa,* no-violencia; *satya,* veracidad; *asteya,* no robar; *brahmacharya,* celibato; y *aparigraha,* no tener la tendencia a adquirir.
Niyama, disciplina mental e individual, comprende: *saucha,* limpieza; *Santoya,* contentamiento; *tapas,* austeridad; *swadhyaya,* autoindagación; e *Isvara pranidhana,* entrega a Dios.
De acuerdo con el *Sabio Manu*, el celibato no excluye la práctica del sexo higiénico dentro del matrimonio. *Manu* fue un antiguo Sabio que escribió el *Manu Smriti*, que contiene las reglas y regulaciones a ser seguidas por la sociedad Hindú.

perseverancia. Uno debe intentar, intentar e intentar constantemente antes de lograr el deseado estado de la calma mental.

Esto puede realizarse mejor bajo la guía y con el apoyo de un Maestro y también con el estudio de las escrituras. Si bien no es lo que se estila en estos días pues es difícil para el hombre moderno. Pero uno no debe desanimarse, siempre hay esperanza. El *Gita* mismo dice *"swalpamadyasya dharmasya"* que quiere decir que aunque hayas practicado solo un poquito, tu esfuerzo te ayudará finalmente a cruzar el *mahato bhayat,* el gran miedo al renacimiento[23]. Es decir que para cruzar el océano de *samsara*[24], hasta un poquito de esfuerzo ayuda. Sea cual fuere el esfuerzo que uno pone en ello, este no está perdido.

No se puede utilizar una mejor expresión que aquella empleada por Swami Vivekananda cuando estaba hablando acerca de los esfuerzos de los individuos. Él dijo: "Cada alma es potencialmente divina. Esta es la esencia: cada alma es potencialmente divina. Poner de manifiesto esta divinidad en uno, eso es el *yoga* en su conjunto". Puede que estas no sean las palabras exactas que él expresó pero es la esencia de lo que dijo. Poner de manifiesto esta divinidad, sea a través del trabajo o de la adoración, sea a través de la práctica del *yoga*, del estudio de *Vedanta*, a través de *Bhakti,* mediante *Karma yoga,* no interesa. Manifestar esta divinidad debería ser el objetivo de toda vida. Esto resume la esencia del Hinduismo.

---

[23] Nacer en la tierra, de acuerdo a este punto de vista, es estar expuesto al sufrimiento. Por ende, evitar el ciclo de nacimientos y muertes es estar libre del gran miedo al sufrimiento.

[24] El mundo que es identificado con el ciclo de vida, muerte y sufrimiento.

Capítulo 5
Ilusiones bajo las cuales vivimos

¿Tenemos una clara comprensión del mundo en general y de nosotros en particular o estamos bajo algún tipo de ilusión que nos dificulta ver la realidad?

Para tener una respuesta no necesitamos formular una nueva filosofía, ni tenemos que depender de ninguna ciencia ni de ninguna teoría que esté de moda. Nuestras propias escrituras, especialmente *Vedanta*, han dado la respuesta hace siglos. La respuesta está encapsulada en el concepto de *mayavad*[1].

Desafortunadamente, al mencionar *mayavad*, la tendencia general es a rechazarla pues se la toma como una abstracción metafísica apta solamente para el filósofo o para el teólogo que "tienen su cabeza en las nubes". ¿Cómo puede *Vedanta* y sus conceptos, axiomas y teorías tener alguna relevancia para el hombre moderno, que se ha propuesto llegar a la luna y lo ha logrado? La respuesta puede ser dada en tres palabras: "Tiene mucha relevancia". Aquellos que echan a un lado *Vedanta* y lo califican como irrelevante porque es antediluviano están operando bajo una falacia, la falacia de aceptar todo lo nuevo y rechazar todo lo viejo. Una mirada más próxima hacia *Vedanta* debería aclarar esta falsa noción.

Cuando decimos *Vedanta* estamos hablando de un completo cuerpo de pensamientos que ha permanecido como fuente de sabiduría para muchos pensadores durante muchísimo tiempo. Para citar solo uno puedo mencionar al filósofo del siglo XIX Schopenhauer, cuyas ideas han tenido gran influencia sobre Freud y sobre Nietzsche, entre otros. Luego de leer los *Upanishads* (la literatura *Vedanta* por excelencia), él comentó: "¡De qué manera cada línea despliega su firme, definido y armonioso significado de principio a fin! De cada oración surgen profundos, originales y sublimes pensamientos, y son llenadas en su totalidad por un espíritu elevado, sagrado y fervoroso (...) En todo el mundo, no hay ningún estudio (...) tan

---

[1] *Mayavad* es la filosofía que enseña acerca de *maya* . *Maya* puede ser traducido como 'ilusión'. Este término es utilizado en *Advaita Vedanta* para describir al mundo, que es considerado ilusorio debido a que es impermanente y relativo.

beneficioso como aquel de los *Upanishads*. Ha sido la ciencia de mi vida, será el consuelo de mi muerte".

Lo que se encuentra en *Vedanta* no es un fárrago de alguna indigesta teoría a medio cocinar realizada por mentes primitivas; es una rica mina de verdades que incluyen la Verdad Absoluta. Esta Verdad ha sido experimentada por los Sabios y por los *rishis* y puede ser experimentada por otros también. Si la replicación de un experimento es el criterio de validación en la ciencia, entonces *Vedanta* es tan ciencia como la física moderna o la biología u otras ciencias.

El significado literal de *Vedanta* puede ser analizado de la siguiente manera: *Veda-anta*: el fin del *Veda*; y *Veda* tiene el significado de conocimiento. El término *Vedanta* parece ser ambiguo a propósito. Puede significar la secciones filosóficas y psicológicas de los *Vedas* que han sido anexadas al final de estos, secciones conocidas como *Upanishads*. También puede significar el fin o la culminación de todo conocimiento más allá del cual no hay nada más que aprender.

Los *Upanishads* hablan acerca del autodescubrimiento, acerca de la comprensión del ser de uno mismo en sus distintas complejidades para llegar a la fuente básica del ser humano y del universo. *Vedanta* es acertadamente considerado el fin de todo conocimiento porque va directa y definidamente al significado y a la fuente de nuestra existencia.

Habiendo expuesto esto, uno no debe concluir que todo lo que se puede decir acerca de la verdad y de la realidad no necesita ser indagado aún más. *Vedanta* mismo desaprobaría esa aceptación tan pasiva. Para *Vedanta*, la indagación es un proceso continuo, actualizado cada vez a la luz de nuevos conocimientos y de nuevas evidencias. Por lo tanto es esencial estudiar el concepto *Vedanta* de *mayavad* desde una perspectiva actual. Para asegurar que nuestra aproximación es desapasionadamente imparcial, dejaremos por ahora las escrituras a un lado y analizaremos el tema de este ensayo partiendo de cero.

Una gran ilusión bajo la que todos nosotros vivimos es aquella de creer o actuar como si nuestra vida fuese eterna. Vemos la muerte por todos lados, todos los días. Los diarios están llenos de ella. Personalmente vemos de cerca muchas muertes entre nuestros parientes y amigos. Aún así desarrollamos un punto ciego acerca de nuestra propia muerte. No es que no sepamos que algún día vamos a morir; es que actuamos como si tuviésemos control sobre ella, como si pudiésemos decidir que es lo que pasará. Allí yace la paradoja. Sabemos que la muerte es la única verdadera "demócrata" que trata a todos por igual; no obstante funcionamos como si tuviésemos el poder mágico de alejarla de nosotros tanto como queramos. Puede parecer mórbido o indebidamente pesimista restregar el tema de la muerte de esta manera. Sin embargo es la única manera segura de poder encarar lisa y llanamente la irrevocabilidad de nuestra propia muerte y de disipar la ilusión a la cual nos encontramos sujetos: la ilusión de nuestra cuasi-inmortalidad que nos impulsa hacia comportamientos y acciones extremas. Alimentamos esta ilusión a través de la esperanza, que puede ser la causa pero también la consecuencia de nuestra ilusión.

Como un comentario al margen, es interesante notar que nuestra inhabilidad para aceptar la muerte ha penetrado nuestro lenguaje. Sea cual fuere la lengua que hablamos – en todas las lenguas de todas las comunidades - recurrimos a eufemismos cuando nos referimos a la muerte, como si fuese un tabú que puede ser conjurado por la mente si no se lo menciona abiertamente. Decimos: "Se fue al cielo", "Pasó a mejor vida", "No está más con nosotros"... A veces hasta nos burlamos de ella mediante expresiones humorísticas como "Estiró la pata", "Se quedó seco"...como si, burlándola, tuviésemos éxito en extirpar sus colmillos.

Movidos por el mismo miedo, la gente de todas las regiones y de todos los tiempos han desarrollado maneras de perpetuar la ilusión de una vida eterna.

Por ejemplo, los faraones de Egipto preservaban sus cuerpos como momias en tumbas con forma de palacios piramidales con la esperanza de poder volver a la vida nuevamente. Hoy en día, rituales y ceremonias de todo tipo son practicadas luego de la muerte, con el propósito no muy distinto del de los antiguos egipcios. No se trata de menospreciar esas costumbres, sino de cuestionarnos si no son una manera de tener esperanza sobre la conquista de la muerte.

¿No es ese mismo tipo de esperanza la que nos hace vivir en fantasías acerca de un futuro que es incierto? "Voy a hacer esto.

Voy a hacer aquello. La casa que construiré será diferente de todas las casas en las que he vivido hasta ahora. Mi hijo será un doctor de renombre". ¿No son estos los pensamientos que nutren nuestra ilusión de una muerte pospuesta? "Otros pueden caer muertos en cualquier momento; yo no. ¿Y qué si tomo, fumo y vivo una vida descontrolada? Soy fuerte como un buey, y nada puede matarme de repente". Así funcionan nuestras esperanzas incorregibles. No hay dudas, el hombre no puede vivir sin esperanza, y esperanza quiere decir una expectativa en un futuro o por un futuro. Esto es perfectamente correcto y entendible, pues hace de la vida, como la conocemos, algo que vale la pena ser vivido. Es justamente ese "valor" lo que este ensayo propone determinar y revalorar; sin subvalorarlo, ponerlo en su justo punto.

Muy ligada a la ilusión de una muerte pospuesta se encuentra la ilusión de la felicidad duradera. Cada uno de nosotros piensa: "Si gano unos cientos de miles en la lotería seré feliz". Si tratas de convencer a una persona de que es un simple juego y de que aun si gana, puede que no sea feliz, probablemente se lo atribuirá a tus celos o a tus malas intenciones más que a tu razón. Así es nuestra ilusión acerca de las posesiones. Por ejemplo: "Si tuviese salud sería feliz". El hombre soltero piensa: "Si me casase sería muy feliz"; mientras que el hombre casado piensa: "¡Oh Dios, si me hubiese quedado soltero hubiese sido tan feliz…!"

No nos damos cuenta de que estas son todas esperanzas y de que, en una mayor parte, seguirán siendo esperanzas hasta el final. El deseo de felicidad que hay en nosotros es tal que nos gusta pensar que, por obtener algo físicamente, o por poseer algo, vamos a ser muy, muy felices. Utilizamos toda nuestra vida en tratar de obtener esa cosa en particular de manera tal de lograr esa felicidad deseada, aunque realmente nunca logramos ese fin esquivo.

Toma otro ejemplo: no posees una casa. Eres muy infeliz porque piensas que todas las personas que conoces tienen una casa; entonces, debes tener una casa también. Trabajas duramente, ahorras, mendigas, pides prestado y robas para construirla. O si tienes mucho dinero, inviertes parte de él en el proyecto de una casa. Una vez que la tienes, comienzas a pensar: "Este es un activo muerto; ¿por qué puse todo mi dinero en él? Si lo hubiese puesto en algún negocio, podría haber hecho más dinero". Entonces, la felicidad que habías pensado que iba a ser absoluta por poseer una casa propia comienza a desvanecerse un poco. Luego surge otro pensamiento: "Debo ir a Delhi por negocios o quiero ir a algún sitio de vacaciones por un mes. Cuando no tenía casa, hubiese ido sin pensarlo dos veces. Ahora debo cerrarla y, aún así, pueden ingresar ladrones. ¡Cuando regrese, quizás haya quedado solo la casa!" Por lo tanto, poseído el objeto que querías, la felicidad que pensaste que éste te traería lentamente comienza a desvanecerse y comienzas a sentir: "La situación ideal es otra cosa; ésta no es." Y la búsqueda de la situación ideal en la que uno pueda estar permanentemente feliz continúa. ¡Ay, la búsqueda nunca termina!

Hay también otro aspecto involucrado en esto. Supón que estás feliz luego de obtener algo. Por un tiempo estás muy feliz con eso. Pero tiempo después las dudas te invaden. Tienes miedo de que te lo puedan quitar o de que se destruya. Aunque no haya destrucción física o desaparición de tu posesión, puedes igualmente sentirte infeliz pues algo diferente ha tomado su lugar como una fuente de felicidad más valiosa. (De una manera muy extraña, el único pensamiento que no nos molesta mientras estamos disfrutando de nuestra posesión es que la muerte misma nos quite el objeto. Todos nosotros nos cerramos definitivamente a esa posibilidad). Hemos visto que, ni bien logramos un estado de felicidad, ese estado comienza a escaparse de nuestras manos. Entonces queremos aferrarnos a él, dirigimos todas nuestras energías y esfuerzo para hacerlo. Si uno está aferrado a algo, con miedo de que se le pueda escapar de las manos, entonces ¿cómo puede haber felicidad? Si ese temor está allí permanentemente, ¿cómo puede uno estar tranquilo o feliz? Por supuesto, no nos gusta pensar acerca de esto.

La alternativa a ese miedo es la esperanza de poder congelar ese momento de felicidad para siempre. La esperanza de que después de haber conseguido lo que nos hayamos propuesto conseguir, nuestro disfrute sea continuo. Desafortunadamente, el tiempo tiene otro principio: no es estático, no puede ser reprimido ni detenido. Estarás yendo en contra de las inexorables leyes del tiempo, estarás corriendo contra el tiempo, si tienes la esperanza de que tu felicidad permanezca inalterada. Esta esperanza nunca será satisfecha. Por ejemplo, alguien tiene un poco de sobrepeso. Se da cuenta de que no está a la moda tener unos kilos de más y de que el sobrepeso puede desencadenar enfermedades. Entonces quiere reducirlo. Y lo logra.

Es feliz hasta que una mirada más próxima al espejo muestra las delatoras marcas del tiempo - una arruga aquí y otra allí, algunas canas, la piel gastada. Los tratamientos de belleza modernos pueden, por supuesto, "camuflar" los grabados del tiempo…por un tiempo. ¿Pero por cuánto?

Por un lado, sin apelar a más ejemplos, uno puede decir, sin miedo a contradecirse, que todo cambia en un período de tiempo. Por otro lado, nuestra felicidad depende de que las cosas que hemos conseguido permanezcan como son, sin cambios, o de que nuestro estado de felicidad permanezca inalterado, o de que nuestra propia muerte sea una posibilidad pospuesta.

De los argumentos expuestos -quizás, sí, quizás con un tono de pesimismo - no se debe concluir que no hay nada por lo que vale la pena vivir y que, por consiguiente no hay necesidad de actividad alguna. Muy pronto te darás cuenta de que no puedes lograr esto tampoco. La naturaleza es tal, que te verás forzado a hacer una cosa u otra todo el tiempo. No puedes dejar de hacer todo de una vez, salvo que seas terriblemente holgazán, estés en coma o bajo los efectos de alguna droga. "De acuerdo, puede que las posesiones materiales y las posiciones sociales no duren mucho, pero, seguramente, hay felicidad en las relaciones personales", puedes objetar. Una vez más esto es una ilusión. Todos creemos - a menos que se sea un misántropo- que hay alguien que nos ama. Pero los hechos muestran otra cosa. Hoy tienes dinero o posición o poder, y todos **aparentan** amarte. Puede ser que mañana no tengas más dinero y nadie te amará. Una vez que hayas perdido alguno de aquellos - a veces aún sin esa pérdida pero convirtiéndote en momentánea o físicamente dependiente- vas a encontrar que el amor y respeto que "infundías" (una palabra pertinente) toman otro color. La siguiente historia va a ilustrar este punto.

Había un discípulo que una vez le dijo a su *gurú*: "Señor, estoy preparado para dejar todo en mi vida e ir con usted a buscar la perfección espiritual pero hay una sola cosa que me detiene. En mi casa mi esposa, mis hijos, mi madre, mi padre, mi tío, todas estas personas me aman mucho. ¿Cómo puedo dejarlas y retirarme? Este es el único obstáculo". El *gurú* le dijo: "Está bien, si todos te aman no deberías dejar tu casa. No obstante, vamos a comprobar si esto es verdad con un pequeño experimento. Te daré dos tabletas. Yo conservaré una, y tú conservarás la otra. Toma esta tableta y ve a tu casa. Recuéstate sobre tu cama y trágala. Lo que sucederá es que cualquiera que te mire pensará que estás muerto. No tengas miedo, no estarás muerto: solo aparentarás estarlo. Y estarás consciente de todo lo que esté pasando a tu alrededor. Luego de algún tiempo llegaré disfrazado como un *vaidya*[2]. Observa todo lo que suceda, y hablaremos de tu problema más adelante".

Entonces, el hombre se fue a su casa y dijo: "No me siento nada bien". Todos se amontonaron a su alrededor. Se recostó silenciosamente y tragó la tableta y muy pronto tuvo la quietud de la muerte. Todos comenzaron a llorar, incluso sus padres ancianos y su tío. Todos decían: "¿Por qué nos has dejado? En vez de ti, alguno de nosotros podría haber partido". El aire estaba lleno de los lamentos propios de las casas donde alguien ha muerto. En seguida llegó el Maestro y preguntó, "¿Qué ha sucedido?". Palabras ahogadas en sollozos salían de la muchedumbre conformada por los apesadumbrados parientes: "Él está muerto. Él era tan querido por todos nosotros. Ojalá estuviéramos muertos nosotros, no él". El Maestro, que había llegado aparentando ser un *vaidyia*, los consoló: "No lloren. Lo traeré de nuevo a la vida con mi píldora mágica". Una gran expectativa se apoderó de la muchedumbre que gritaba con una esperanzada felicidad: "Por favor, désela inmediatamente. Usted es nuestro salvador". El falso *vaidya* les dijo: "Sí, eso haré. Pero hay un leve impedimento. La píldora mágica sólo será efectiva si alguien se ofrece como voluntario para morir en su lugar. No obstante, como todos lo aman tanto, no creo que haya falta de voluntarios. Ahora, quien más lo ame puede acostarse a su lado, listo para morir, y yo reviviré a este hombre inmediatamente". El silencio que siguió a las palabras del *vaidya* fue tan ensordecedor como los lamentos de antes. Nadie se ofreció para resucitar al "amado", quien yacía allí, consciente de todo lo que estaba sucediendo alrededor. El *gurú*, entonces, puso la tableta en la boca del hombre y lo palmeó en uno de sus hombros. Le preguntó: "¿Qué dices ahora? ¿Estás listo para venir conmigo?" Como respuesta, el hombre se levantó y siguió a su *gurú*, completamente iluminado acerca de su ilusión sobre el amor.

---

[2] Médico tradicional de India.

El propósito de la historia no es poner sombra sobre el **amor** como tal, ni lo es exhortar a la renunciación. No, no estoy predicando la necesidad de *sanyasa*[3]. No soy un *sannyasin* yo mismo, soy un padre de familia. Solo te estoy pidiendo que mires un hecho de la vida con toda equidad. Hay contadas personas que se interesan **genuinamente** por los demás, esa clase de interés es diferente. Normalmente, las personas que creemos más cercanas y queridas no tienen ese tipo de interés. Puede que tengan algun apego biológico o una creencia condicionada -genética, psicológica o social- que los hace mantener o profesar esos vínculos y apegos. Pero en **realidad** nadie está apegado a ninguna otra persona. Puede haber muchas razones para que nos comportemos como si lo estuvieramos, pero este no es el sitio para entrar en este tema.

Consideremos ahora las ilusiones psicológicas bajo las cuales vivimos. Has conocido a alguien como amigo por un largo tiempo. Tu experiencia acerca de él te ha ayudado a formar su imagen. Él también tiene una imagen tuya derivada de su propia experiencia. Esto es normal, y es como debe ser. El problema se manifiesta a la hora de la comunicación. ¿Estamos observándonos y comunicándonos entre nosotros mismos o son las imágenes las que lo están haciendo? ¿O, si las imágenes no se están comunicando entre ellas, hay alguna otra forma de comunicación llevándose a cabo que no dependa de estas imágenes? Uno debe observar esto muy cuidadosamente, porque lo que en realidad está sucediendo no es evidente por sí mismo. Si lo consideras desde este ángulo, pronto descubrirás que la mayoría de las veces la comunicación entre las personas no es realmente entre las personas como realmente son sino entre esas imágenes. Por lo tanto, no hay oportunidad de que surja nada nuevo porque las imágenes que tenemos en nuestras mentes son generalmente muy viejas. En resumen, la comunicación se convierte en un acto reflejo.

Cuando te casaste con tu esposa, te formaste una imagen de ella en ese momento. Quince años más tarde probablemente continúes aún con esa imagen. Lo mismo puede sucederle a ella. En consecuencia, no hay comunicación real entre ustedes dos. Mientras tanto, el tiempo, el gran transformador, ha estado trabajando. Muchos cambios deben de haber sucedido y están sucediendo en ambos. No

---

[3] Vida de un *sannyasin* (renunciante o monje).

les damos envergadura ni expresamos ni comprendemos esos cambios. Estamos atascados en nuestras viejas imágenes y no les damos libertad para que cambien. Aún así pensamos y actuamos como si nos entendiésemos y nos culpamos mutuamente cuando entramos en estados alterados. ¿No es eso una ilusión?

Vayamos un poco más lejos.

Cuando *Vedanta* dice: "Obsérvate a ti mismo; averigua acerca de ti mismo", generalmente llegamos a una rápida conclusión. Decimos: "Ya sabemos lo que somos". Esto es tan ilusorio como la ilusión que tenemos acerca de los demás. Averiguar acerca de ti mismo quiere decir examinarte a ti mismo completamente, en todos los aspectos: qué eres realmente, cómo te relacionas con los demás…Hasta que no comprendas dónde estás exactamente en las circunstancias cambiantes, no puedes hacer realmente ningún progreso. De otra manera serás como un hombre que se está dirigiendo hacia un destino desconocido sin marcar primero su ubicación inicial - puede estar dirigiéndose hacia el este en lugar del oeste, donde su destino se encuentra, si no tiene un indicio preciso acerca de dónde está su propio punto de partida. En este contexto las palabras de Samuel Foote, un talento del siglo XVIII, son adecuadas. Dijo que montó su caballo y cabalgó en diferentes direcciones, todas al mismo tiempo.

Ahora consideremos otra ilusión que es muy importante y que está vinculada muy de cerca con el tema del conocimiento. Un enunciado muy conocido es el del *Ishavasya Upanishad*: "Aquel que adora la ignorancia entra en la oscuridad" Esto es muy claro. Todos piensan tan elevadamente acerca del conocimiento que este enunciado es comprendido fácilmente. Por consiguiente lo aclamamos. Pero luego el *rishi* plantea una paradoja: "Y aquel que adora el conocimiento entra en una oscuridad aún mayor". ¿Cómo puede ser esto? Lleva tiempo comprender y apreciar el significado de la paradoja. No podemos aceptar el conocimiento como algo que nos lleva a la oscuridad, menos aún a una mayor oscuridad. Si es que sabemos algo, ¿no lo hemos adquirido a través del conocimiento? No puede haber evolución sin acumulación de conocimiento. No hay duda acerca de esto. Uno debe leer entre líneas para comprender la paradoja planteada por el *Upanishad.* Lo que el *rishi* dice es que uno entra en una mayor oscuridad cuando adora el conocimiento por sí mismo. Si vamos un poco más profundo y analizamos el significado esencial de este enunciado, llegaremos a la conclusión de que es el conocimiento mismo el responsable del problema. Lo que el *rishi* quiere decir es que la verdadera comprensión del tema sobre el cual se indaga en los *Upanishads*, que es el Ser Superior o la Verdad Suprema o la Existencia Suprema, no es algo que pueda ser lograda adquiriendo más de lo que normalmente se conoce como conocimiento.

La razón de esto es que todo el conocimiento está contenido en los confines de la mente, la que incluye al cerebro. Ahora, el *Kena Upanishad*, uno de los más viejos de los *Upanishads* declara: *Yanmanasa na manute yenahur mano matam / taddeva Brahma tvam viddhi nedam yadidamupasate;* esto es: "Aquello que la mente no puede alcanzar, no puede tocar, ni puede concebir, eso solo es *Brahman*, eso solo es la Verdad, entiende eso." El Ser Supremo, ese *Brahman*, es el tema en cuestión en toda la indagación de los *Upanishads*. Por lo tanto, los *rishis* han declarado que, para comprender eso, ninguna de las diferentes ramas conocidas del conocimiento puede ser utilizada. Si examinas cuidadosamente aquello que llamamos conocimiento, encontrarás que es solo memoria. Por otro lado, la Realidad o el Verdadero Ser es algo que no puede estar en la memoria. Es algo que está siempre presente, en este momento, aquí y ahora.

Y cuando digo conocimiento, ¿qué quiero decir? Supongamos que no tengo conocimiento previo acerca de algo. Entonces aplico mi mente a ello, trato de entenderlo y en el momento en que lo entiendo, es almacenado en mi cerebro como memoria. Entonces, cuando digo que tengo conocimiento acerca de algo, quiero decir que tengo en la memoria algo que he estudiado. La adquisición de todo el conocimiento pasa por este proceso. Cada pedacito de conocimiento que tenemos es una memoria almacenada en el cerebro. Y una memoria no es una cosa del presente sino del pasado. No puedes pensar en una memoria presente: todas las memorias son del pasado. Entonces, cualquier conocimiento que tengas no es un conocimiento de *Brahman*. Porque *Brahman* es siempre fresco; permanece con uno ahora, en este momento, precisamente ahora. Pero persistimos en nuestra ilusión acerca del conocimiento como nosotros lo entendemos y lo elevamos en un alto pedestal para adorarlo.

Otra vez, el *Kena Upanishad* destruye esta ilusión con la declaración: "Aquel que piensa que sabe no sabe, y aquel que no sabe sabe." Esto quiere decir que si alguien piensa que puede comprender la Realidad detrás de las ilusiones mediante el conocimiento, esta persona no sabe. El intento de alcanzar la Verdad es muy diferente del de cómo alcanzar las cosas sensorias, el proceso es totalmente distinto. En realidad no es **alcanzar** la verdad sino **establecerse** en la verdad. Es necesario recordar que **establecerse** en la verdad no es un acto físico aunque el significado de la palabra *shad* en los *Upanishads* quiere decir sentarse. "Sentarse" indica que te estás estableciendo a pensar, así como "pararse" indica que te estás preparando para moverte. Pero también significa el "sentarse" o el establecimiento de la mente; de nuevo: no es **alcanzar** sino **establecerse**. Y este **establecerse** en la verdad puede tener lugar solamente en la tranquilidad total, cuando todas las distracciones han sido eliminadas. Lo primero que debemos entender es dónde estamos parados en este momento. Y cuando cuidadosamente miramos dónde estamos parados, descubrimos que funcionamos bajo cientos de miles de ilusiones que nos mantienen atrapados la mayor parte del tiempo. Esto es lo que se llama *Maya*. Esta trampa en la que estamos atrapados nos hace dar vueltas en círculos. A veces, el círculo es pequeño y, a veces, grande, pero siempre estamos dentro del círculo.

¿Cómo escapa uno de este círculo? Uno no puede tender la mano y escapar. Cuando uno comprende esto correcta y completamente, entonces hay esperanza de liberarse de este ciclo. No hay ninguna técnica certera que te ayude a lograr el objetivo. Todas las técnicas disponibles son solo guías. Pueden mostrarte el camino, pero debes hacer la caminata tú mismo. No obstante, todas las técnicas tienen una característica en común: su intención es mantener la mente libre de distracciones y concentrar todas las energías en un foco. La energía requerida para semejante esfuerzo no puede ser recolectada ni procesada por una mente distraída. Entonces, todas las disciplinas de *yoga* son diseñadas para librar nuestras mentes de distracciones, para reunir todas las energías y para concentrarlas en la pregunta central de descubrirse a uno mismo.

La manera de hacerlo es logrando calma y tranquilidad en la mente. La mente es una colección de pensamientos. Nuestra esencia como Ser Supremo o *Atman,* la que el buscador espiritual desea comprender, descubrir, contactar o realizar, está más allá de este circuito cerrado de pensamientos. Permaneciendo en este circuito uno no puede entrar en contacto con el Ser Supremo. No obstante, hacer que el pensamiento no interfiera de ninguna manera con nuestra realización del Ser Supremo no es algo que puede lograrse fácilmente. Porque en el momento preciso en el que piensas "quiero liberarme del pensamiento", ya estás pensando algo. Y cuando estás pensando algo, estás atrapado de nuevo en el mismo ciclo.¿Hay entonces alguna manera de hacerlo?

Un modo de encarar este problema es observar tus pensamientos constantemente mientras van ocurriendo, ser constantemente consciente de ellos. Si observas tus pensamientos de esta manera todo el tiempo, descubrirás de dónde surgen. Y una vez que descubras la fuente de tus pensamientos hay posibilidad de que te liberes de ellos. Pero no hay ninguna técnica estándar para lograr esto pues es un tema enteramente individual. Una vez que te liberes de tus pensamientos, tu trabajo habrá concluido. También puedo expresarlo de otra manera: Aun cuando estás sentado y en silencio, la mente continúa dialogando incesantemente. Cuando el diálogo finaliza, hay silencio. Este silencio no es el mismo que sientes cuando no hay sonido afuera. El tipo de silencio que experimentas cuando el diálogo de la mente se detiene puede existir aun en medio del bullicio de una gran ciudad. Ese bullicio no altera ese silencio. Pero para llegar a ese estado, para observarlo y para ser consciente de tu mente y de tus pensamientos todo el tiempo es bueno comenzar en un lugar donde no haya sonidos externos. Una vez que hayas logrado ese nivel de silencio mental, no importa donde estés, ese silencio siempre estará contigo.

Ciertamente, esa práctica puede no adaptarse a la naturaleza de todos. Están aquellos que son constantemente activos físicamente, ya sea por naturaleza o por compulsión externa. El mejor método para ellos es hacer de su trabajo mismo una forma de *sadhana*. Cuando el deseo de evolución espiritual es fuerte, y uno desea liberarse de las ataduras de lo mundano, trabajar de manera sincera, dedicada y concentrada es una forma de adoración o *sadhana*. Si una persona siente que está atada y desea liberarse, esa persona puede adoptar el método de trabajar de manera sincera y dedicada, orientado a la verdadera evolución como su *sadhana*. Ese tipo de trabajo también es meditación y la meditación es un proceso, por lo tanto, también es un trabajo. Obviamente, trabajo no significa solo actividad física, también puede significar otras cosas. Aunque esté en la granja o en la oficina, si una persona pone toda la energía en sus esfuerzos, entonces habrá dominado el arte de la concentración y está meditando. Si es capaz de hacer esto, puede aplicarlo en cualquier esfera, sea espiritual o material.

Puedo ilustrarlo con una historia. Quizás hayas escuchado acerca del gran Bodhidarma, quien llevó lo que luego fue el budismo Zen a la China. Una vez estaba en su ermita, en la cima de un cerro. Dos caballeros jóvenes se acercaron a él y le dijeron: "Hemos venido de muy lejos para encontrarnos con usted. Estamos buscando *Satori* (la iluminación espiritual en la filosofía Zen), hemos escuchado que usted es la persona que nos puede guiar." Bodhidarma estaba tomando su caldo. Él contestó: "Estoy tomando mi caldo". Ellos esperaron por un tiempo. Después, buscaron otra vez su guía diciendo: "Hemos venido de muy lejos y atravesamos grandes dificultades". Él dijo: "Estoy tomando mi caldo". Más tarde llamó a alguien y le dijo: "Dales un poco de caldo". Seguidamente fueron provistos con dos recipientes llenos de caldo. Mientras lo tomaban, le hicieron la misma pregunta por tercera vez. Él les contestó: "Estoy tomando mi caldo". Ellos respondieron enojados: "Nosotros también estamos tomando nuestro caldo". Él les contestó: "No. Ustedes están tomando su caldo y están pensando en *Satori*. Cuando estoy tomando mi caldo, estoy tomando mi caldo; por lo tanto, estoy en *Satori*." Obviamente, él era uno de aquellos que había dominado el arte de poner toda su energía en aquello que estaba haciendo, sin entregarse a ningún tipo de distracción.

Capítulo 6
La búsqueda del verdadero Ser según Vedanta

La búsqueda del verdadero Ser según *Vedanta* no es tanto una búsqueda de Dios sino una búsqueda del Ser o de la identidad interior de uno mismo. Esto implica, automáticamente, que no sabemos qué es lo que realmente somos. Todos sabemos cómo nos llamamos y quiénes somos en la sociedad y, generalmente, nos asignamos a nosotros mismos de modo inconsciente una personalidad. Contrariamente a esta visión que nos proporciona el sentido común, nuestras escrituras, especialmente *Vedanta*, nos enseñan que hay un Ser dentro de cada uno de nosotros que es diferente de nuestra apariencia externa. Esto es: diferente de la suma total de la imagen que uno tiene de uno mismo y de la imagen que otros tienen de uno. Este Ser no es a lo que normalmente nos referimos cuando hablamos de 'ego', o cuando utilizamos expresiones tales como "egoista".

Cuando se dice que una persona es egoísta, no se dice de ninguna manera un halago. Todo lo contrario. Egoísta es un término despectivo que se aplica a alguien que se considera por encima de todo y de todos. En la filosofía occidental, hay una visión del ser que es conocida como **solipsismo**. Esto es una forma extrema de escepticismo que niega un mundo externo físico como así también cualquier otro tipo de mente. Ve al ser, en el sentido del propio ser individual[1], como todo lo que existe o todo lo que puede ser conocido.

Lejos de esto está la visión de *Vedanta*, que dice que el Ser es la parte esencial de nosotros mismos y que no es diferente de cualquier otro Ser. Esto es, nuestra individualidad separada y privada es una manifestación del Ser universal omnipresente. El ser limitado por o identificado con una individualidad separada no es el Ser de *Vedanta*.

---

[1] N. de T.: Diferente del Ser (con mayúscula) de *Vedanta*.

¿Cómo es que surgió esta identificación equivocada? Cuando eras un niño pequeño, tenías cierta identidad. Mientras vas creciendo y te formas como estudiante, tu identidad cambia. Te conviertes en un joven, ya no eres lo que eras antes. Cuando te conviertes en un hombre de familia, pareces un ser totalmente diferente de aquel joven soltero despreocupado. Por supuesto, puede haber ciertas características básicas constantes en tu personalidad continuamente cambiante. Pero aun estas características básicas son accidentales y pueden ser diferentes de una persona a otra, ya que dependen de dónde hayas nacido o de quiénes sean tus padres (por ejemplo, tu raza para nombrar una característica básica). Lo que los *rishis* dicen es que, más allá de todo esto, hay un factor común que es independiente de todas las manifestaciones externas de una persona.

Es interesante saber que la palabra **personalidad** deriva de la palabra griega **persona**, que quiere decir 'máscara'. *Vedanta* no se ocupa de la búsqueda de la persona ni de la máscara ni de la personalidad que puede ser, por momentos, la de un Santo y, por otros, la de un malvado. Lo que *Vedanta* busca es la conciencia interior que está por detrás de la personalidad externa. La primera pregunta que *Vedanta* intenta clarificar es esta: "¿Existe realmente esa conciencia en la esencia de uno mismo que no tiene una identidad separada y que no es alterada por los cambios superficiales ocasionados por el nacimiento, la crianza y el crecimiento?"

Para averiguar esto, *Vedanta* examina los diferentes estados de conciencia en los que todos nosotros funcionamos.

Como este tema ya fue discutido en el **Capítulo 3: Así habló el Maestro**, me limitaré aquí a hacer una breve recapitulación de los tres estados normales de conciencia: vigilia, sueño y sueño profundo. Cada unos de estos estados solo es real mientras dura. En otras palabras, la realidad de cada uno de ellos depende o está condicionada por su duración. También hemos hablado acerca del dilema del rey Janaka, quien dudaba de si era el vagabundo que experimentó ser en un sueño o si era realmente un rey.

Su guía, el Sabio Yajnvalkya, aclaró su confusión asignándole a cada uno de los tres estados solo una realidad relativa. El rey quiso saber entonces: "¿Cuál es la entidad constante que pasó por los tres estados y, como permaneció constante, es el Ser real?" La respuesta a esta pregunta, dada por el *Mandukya Upanishad*, ha sido discutida en detalle también en el capítulo de este libro al que nos referimos anteriormente.

Recordando aquella respuesta, el Ser que actúa como testigo en los tres estados permaneciendo inalterable, *Sakshi*, es la Conciencia Absoluta – *Brahman* - que trasciende todo lo cognoscible a través del intelecto, de la razón, de las experiencias sensoriales o de cualquier otra forma normal de conocimiento. Solo puede ser expresado mediante un oxímoron: una figura literaria en la que términos aparentemente contradictorios aparecen en conjunción (por ejemplo: silencio ensordecedor). Por lo tanto ésta es una experiencia sin ser experimentada en términos categóricos.

La búsqueda de *Vedanta* es la búsqueda del Ser detrás de la persona, detrás de las diferentes máscaras que el Ser utiliza en el día a día de la vida en el mundo. Somos advertidos en nuestras escrituras, una y otra vez, de no confundir la persona con el Ser que permanece inalterable en todos. Nuestros seres separados y divididos – llámalos personalidades, individualidades, o como quieras – pueden ser comparados con los diferentes roles que un actor asume en distintas ocasiones. Un buen actor, en la obra específica en la que actúa, interpretará el papel asignado utilizando sus mejores habilidades teatrales. Asimismo, en otra obra, será igualmente capaz de interpretar con realismo un personaje totalmente diferente. No obstante, si olvida que sólo está interpretando un papel en una obra, puede llegar a sufrir serias consecuencias. Suponte que su papel es el de un asesino serial que estrangula a sus víctimas. ¡Imagina las consecuencias de su identificación total con ese personaje! (Escuché que hay artistas conocidos como "Actores del método" quienes se identifican tan íntegramente con su papel específico, que deben ser tratados por un psiquiatra que los ayuda a desempeñar nuevamente su papel en la vida real. Puede que esto se diga sólo para promocionar a determinado actor, pero aquí es relevante la posibilidad de que esto suceda.)

Un hermoso cuento titulado "¿Quien soy esta vez?", del escritor estadounidense Kurt Vonnegut Jr. puede tomarse como una metáfora extendida de la condición del hombre moderno, que confunde sombra con sustancia e irrealidad con realidad. Cuando el protagonista del cuento, Harry Nash, no está actuando en las obras de teatro de su pequeño pueblo, es tan tímido, reservado y humilde que se torna prácticamente invisible en una multitud. Pero ni bien le dan un papel en una obra, se transforma. Se convierte en el personaje agresivamente violento, increíblemente divertido, patéticamente mórbido, o cualquier otra personalidad que la obra exija. Fuera del escenario no es nadie, pasa inadvertido, no llama la atención y, lo que es peor de todo, es ignorado por sus amigos y por relaciones personales.

Repentinamente el amor se le impone más allá de su voluntad. Una muchacha hermosa, Helene, quien en una obra actúa con él como la heroína, se enamora de él confundiéndolo con aquello que él no es. A pesar de las advertencias de sus conocidos acerca de su naturaleza fuera del escenario, ella lo manipula y se casan. Todos los habitantes del pequeño pueblo donde vivían se morían de curiosidad por saber cómo estaba funcionando la vida de casados. Contra el presentimiento general de un matrimonio que nadie esperaba durase más que unas pocas horas, la joven esposa, Helene, lucía un semblante alegre, que insinuaba un matrimonio exitoso, aún después de tres meses de casados. El pueblo estaba asombrado ante "el milagro".

El secreto del éxito como marido y mujer es descubierto cuando uno de los directores de teatro de Harry los visita en su hogar:

Harry acababa de llegar del trabajo, tímido e insípido como siempre, y tan introvertido, que ni siquiera se dio cuenta de la presencia del director. Con la cabeza inclinada hacia abajo, lleno de vergüenza murmuró débilmente: "¿Quién soy esta vez?" Sin mencionar palabra, Helene le arrojó un libro, ella tomó otra copia del mismo libro y comenzó a leer en voz alta las palabras de una muchacha perdidamente enamorada. ¡Listo! Harry se transforma, está irreconocible: él es ahora un amante ardiente. El director se retira sabiendo cómo Helene ha preservado astutamente su matrimonio.

¿En cierto modo, no somos todos como Harry? Nos "convertimos" en el papel que interpretamos en el escenario del mundo y olvidamos quiénes somos realmente.

La búsqueda del Ser en *Vedanta* es la búsqueda del Ser **real** detrás de todas las máscaras.

Otra historia, una verdadera esta vez, se refiere al Sabio de Tiruvannamalai, Ramana Maharshi[2]. Ésta pone de relieve el obstáculo que se interpone al intentar comprender el verdadero Ser. Cuando el gran *Kavyakanta*[3] Ganapati Shastri fue a ver a Ramana Maharshi, él ya había estudiado todo el gran espectro de *Vedanta*, no tenía nada más que aprender en este aspecto. En su primera visita, el Maharshi no le impactó. En una segunda visita se sentó y miró al Sabio durante un largo rato. Se preguntaba qué era lo que hacía que el Sabio pudiese vivir su conocimiento, mientras él era tan ignorante como cuando había comenzado a estudiar. Sentado allí, mirando al Sabio, pensó esta vez: "¿Qué sucede? Tengo la sensación de que él sabe y yo no". Entonces le preguntó: "Señor, yo no estoy seguro pero creo que usted tiene la respuesta. Yo he estudiado *Vedanta*, he revisado todo, y no he encontrado la Realidad, el verdadero Ser. Yo lo sé porque *Vedanta* dice que, cuando uno conoce el verdadero Ser, uno es libre. Sé que yo no soy libre, por lo tanto sé que no he encontrado el verdadero Ser. ¿Qué es lo que yo debo hacer?" Dicen que el Maharishi se quedó en silencio durante quince minutos, mirándolo y sin pronunciar una palabra. Luego dijo: "En realidad, desearía que pudiésemos quedarnos ambos en silencio. Pero como me has preguntado, te lo diré. Encuentra la fuente de donde ha venido el "**yo**". Todos tus problemas se resolverán".

En otro momento, otro *pandit*[4] le hizo una pregunta similar a Ramana. El hombre comenzó diciendo: "Yo he hecho esto, he hecho aquello; yo estoy haciendo esto, estoy haciendo aquello; yo he aprendido esto, he aprendido aquello (...)". Entonces le preguntó a

---

[2] *Ramana Maharshi* (1879-1950) fue un Sabio que vivió en Tiruvanamalai, al sur de la India. Enseñó el *jnana marga* en una manera muy simplificada, mediante la cuál uno podía realizar la Realidad Suprema indagando a si mismo "¿Quién soy?". Esto es, si no soy el cuerpo ni la mente, entonces, ¿quién o qué soy? Él enseñaba a indagar constantemente en esta dirección, y decía que de esa manera uno podía encontrar su verdadera identidad, la cuál no es diferente del Supremo *Brahman*.

[3] Expresión poética que significa "excelente poeta". Es un título otorgado a eruditos destacados en el idioma *sánscrito*. El *sánscrito* es un idioma ancestral de India que es utilizado en todas las escrituras.

[4] Erudito.

Ramana qué debía hacer a continuación para aprender acerca del verdadero Ser. Ramana le dijo que volviera por el mismo camino que había tomado para llegar hasta allí. Dicho esto, el Sabio se retiró del salón dejando atrás a un hombre irritado y confundido. Fue *Kavyakanta* Ganapathy Shastri quien calmó al angustiado erudito y le dijo que lo que el Sabio había querido decir realmente con su afirmación era que él no debería hablar tanto acerca de sí mismo y de sus logros. Debería enfocarse en desandar el camino que lo había llevado hasta ese punto y descubrir cuál era la fuente de ese "**yo**" que supuestamente tantas cosas sabía y había hecho.

Una persona puede decir: "Soy responsable de todo, soy el hombre más grande", y cosas por el estilo; otra persona puede decir: "Soy el hombre más pequeño, soy lo más bajo de lo más bajo"... Ambos se están justificando de no poder entender la Realidad, expresando que están muy llenos de poder o que son demasiado insignificantes como para entenderla. Esas afirmaciones no son más que obstáculos en la comprensión del verdadero Ser.

Esta búsqueda del verdadero Ser es lo que se ha discutido en los *Upanishads* desde tiempos inmemoriales y es la única indagación digna de ser considerada por cualquier *sadhak* serio. Uno de los *Upanishads*, el *Kena Upanishad*, comienza con la pregunta:

Keneshitam patati prashitam manah

kenah pranah prathamah praiti yuktah

keneshitam vachamimaam vadant

chaksuh, shrotram, ka u Deva yunakti.

Esto puede ser traducido aproximadamente así:

"¿Cuál es la Conciencia o Ser, quién es este Dios,

quién escucha cuando escuchamos,

quién ve cuando vemos,

quién oye cuando oímos,

quién piensa cuando pensamos?".

El estudiante que hace esta pregunta ha estudiado otras escrituras de *Vedanta* y ha aprendido intelectualmente que no debería identificarse con la personalidad con la que normalmente tiende a identificarse. El *rishi* contesta: "*Yanmanasana manute,* Aquello que la mente no puede concebir; *yenahur mano matam,* pero por lo cual la mente tiene la capacidad de pensar; *taddeva Brahma,* eso solo es *Brahman; tvam viddhi,* por favor comprende esto; *nedam yadidam upasate,* nada de lo que adoras o a lo que le rindes culto aquí". El mismo *rishi* continúa la discusión más adelante: "Este verdadero Ser no puede ser visto por el ojo, *na tatra chaksur gacchati.*" El *sadhak* puede pensar: "Está bien, puedo entender esto. Hay muchas cosas que no puedo ver con mis ojos pero, igualmente, sé que existen". El *rishi* continúa diciendo: "Este Ser es algo que no se puede describir con palabras, *na vag gacchati*". El estudiante puede entonces reflexionar: "Esto también es comprensible. Hay muchas emociones a las que, por más que lo intente con empeño, no puedo describir." El *rishi* termina diciendo: "La mente tampoco puede alcanzarlo, *na manah*". Entonces el estudiante puede llegar a la conclusión de que está ante la máxima expresión del nihilismo. La mente, que incluye el cerebro y su poder de pensar, es la facultad más alta que posee. Si no puede alcanzar al Ser ni siquiera con eso, ¿qué es lo que debe hacer ahora? La pregunta que puede surgir ahora en su mente es: "¿Es que hay alguna manera de encontrar a este verdadero Ser?".

El alumno involucrado en esta indagación dialéctica no es un estudiante ordinario. Es un *adhikari,* un estudiante apto para la instrucción, que tiene las agallas y la elevada fortaleza moral como para dedicar su vida entera a la comprensión verdadera de la vida, y a su reconstrucción sobre los firmes cimientos de las más elevadas verdades filosóficas. Sin desear atribuirles a las palabras del Maestro una interpretación nihilista, el estudiante puede concluir que el Ser, como es infinito, nunca puede ser encontrado, simplemente porque el hombre es finito. Si la mente finita de un hombre puede encontrar y comprender algo infinito como esto, entonces el Ser dejaría de ser infinito. Algunos pueden concluir, entonces, que no tiene sentido continuar estudiando *Vedanta*. Otros pueden llegar a la conclusión de que no tiene sentido emprender la búsqueda del Ser, y parecen haber llegado a un callejón sin salida. No obstante, el *sadhak* **persistente,** sabe que esto no es así. Por ejemplo, él sabe que puede ver con sus ojos pero no puede ver sus propios ojos y no por eso puede negar su existencia.Él sabe, también, que, sin su conciencia allí presente, sus ojos no servirían de nada. Es consciente de que *Vedanta* ha sido estudiado por muchas personas durante cientos de años. Ciertamente, estas personas no eran idiotas. Al menos algunas de ellas deben de haber descubierto que **SÍ hay una manera** de encontrar el verdadero Ser. Por lo tanto, debe existir un aspecto práctico de *Vedanta* que este estudiante deberá investigar y practicar. Mientras tanto, el *rishi* intenta continuar explicando aquello que quiere decir en palabras. Pero siente, cada vez más, que no está llegando a ningún lado. Finalmente, levantando sus manos dice: *"Na vidmo na vijanimo yathaitadanusisyat";* esto es: "Realmente no sé cómo voy a enseñarte esto".

Es muy difícil encontrar una explicación **precisa** para esta situación. Estamos tratando con algo que los mismos *rishis* declaran indescriptible con palabras, *na vag gacchati.* No importa cuánto la mente se expanda y se refine. Esta solo puede operar en las tres dimensiones en las que opera el mundo físico: ancho, alto y profundidad. Los seres humanos normales no pueden concebir una cuarta dimensión. En el **Capítulo 3: Así habló el Maestro** ejemplificamos esto con la analogía de criaturas que viven en un mundo de dos dimensiones. Recapitulando: dos criaturas del espesor de una hostia, idénticas en todo salvo en su color, están acostumbradas y son solo conscientes de las dimensiones de sus movimientos horizontales (largo y ancho) sobre del piso del cajón donde viven. Cada una vive en un cajón diferente entre criaturas de su mismo color. Un día son intercambiadas de cajón. Ahora, la criatura roja se encuentra a sí misma entre criaturas verdes, y la criatura verde, entre las rojas. Extendiendo la analogía, supongamos que ambas se dan cuenta de que existe otra dimensión de movimientos que permite ir de un cajón a otro. No obstante, ninguna de ellas podría explicar su experiencia a las compañeras.

La dificultad del *rishi* puede ser comparada con la de estas dos criaturas imaginarias.Él sabe que, de hecho, **es posible** que uno o más de sus estudiantes logren la realización del Ser, pero no les puede explicar, con un lenguaje preciso, cómo lo pueden lograr.

Generalmente, las personas que estudian *Vedanta* tienen una predilección por lo intelectual. Aún así, y a pesar del tenaz esfuerzo que pongan en ello, el intelectual es quien, generalmente, no tiene éxito en lograr la realización del verdadero Ser, porque, habitualmente, no logra comprender los fundamentos del proceso mediante el cual puede alcanzar esto. Pone lo mejor de sí para estudiar la teoría *Vedanta*, para entenderla y para asimilarla. Sabe que solo puede lograr la realización del Ser mediante la meditación y el aquietamiento de los incansables vaivenes de la mente. Por eso, hasta atraviesa todo el proceso de intenso *sadhana* que es recomendado por *Vedanta*. Pero falla en darse cuenta de que esto solo lo lleva hasta una cierta etapa del proceso: intentar comprender algo acerca de lo cual ha leído solo va a dar como resultado una proyección de su propia mente y no la realización del verdadero Ser, que es lo que está buscando.

Solo cuando por fin se da cuenta **definitiva, profunda y seriamente** *de que, a pesar de que la mente opera gracias al Ser, ésta es completamente diferente del Ser, es que puede llegar a tener éxito en su intento.* Su mente, entonces, para de moverse en todas direcciones mientras está meditando –hacia aquí, hacia allá, aun hacia el Ser. Si llega a esta etapa, por fin, su mente se apaciguará, quedará **absolutamente callada.** Cuando esto sucede, y como la mente es algo compuesto solo por pensamientos, obviamente habrá cesado de existir y habrá desaparecido en su totalidad.

Debemos darnos cuenta de que el *sadhak* no puede alcanzar esta etapa mediante un esfuerzo consciente. Él solo puede crear las condiciones apropiadas para que esto suceda. Tampoco se sabe cuándo va a suceder. Solo puede ser **observado** cuándo, y si es que sucede…Todo esto es extremadamente complicado y difícil de explicar y de comprender.

Por eso, el *Gayatri Mantra*, la oración más potente de *Vedanta*, no pide por la salud, las riquezas o cosas como éstas. En cambio dice: "*Dhiyoyonah prachodayat* : Clarifica, estimula, ilumina mi intelecto y hazlo más sutil de lo que es ahora".

Cuando ha logrado **cierta** quietud de la mente, un *sadhak* puede pensar que ha alcanzado el Ser. Va por el buen camino, por supuesto, pero realizar el Ser es una cosa totalmente diferente que sucede cuando el *sadhak* ha alcanzado la etapa en la que su mente limitada desaparece del todo. Solo luego de esto el Ser se le revela con toda su gloria resplandeciente. Pero no puede describir su experiencia con palabras. Todas las descripciones que han sido dadas acerca de este fenómeno son incompletas. Nadie puede describir el Ser tal como era cuando el *sadhak* estaba en esa etapa, porque cualquier explicación se da en otro momento y a través de la mente, que no existía en ese momento. Este estado de una mente libre de pensamientos no es un estado que él ha logrado por esfuerzo voluntario. Se debe a que su mente se volvió silenciosa **por si misma**. Todo el *sadhana* que ha realizado, el *japa*[5], la meditación, etcétera, es algo que limpia sus conductos[6] y su mente "para dejar las puertas y las ventanas abiertas", para decirlo de alguna manera, "y mantener el lugar limpio, sin polvo ni suciedad". Más allá de eso, él no puede hacer nada.

Si la ventana está abierta, la brisa ciertamente entrará, no hay duda de ello. Pero él no puede obligar a la brisa a que entre. Nadie puede decir cuándo ingresará. Ingresa Ella misma, sin que nadie la invite. Por supuesto, él la puede invitar a ingresar, pero, si hace esto, puede llegar a la conclusión errónea de que Ella fue porque él la invitó. Él solo puede estar seguro de que, gracias a su *sadhana*, ha "mantenido su puerta y sus ventanas abiertas"[7].

De acuerdo con *Vedanta*, este Ser, que es la conciencia básica detrás de cada individuo, no hace diferenciaciones entre esto, aquello, tú o yo. Descubrirlo y realizarlo es el **propósito** mismo de *Vedanta*.

El **proceso** para lograr esto consiste en la meditación y la observación. Hasta que el *sadhak* no comprenda que el Ser se realiza solo cuando la mente está **absolutamente silenciosa y libre de todo pensamiento**, deberá continuar con su *sadhana* porque aun

---

[5] Recitar un nombre sagrado o un *mantra* con el propósito de la meditación.

[6] Los conductos por los que circulan las energías espirituales. Ver **Capítulo 9: Ideas falsas acerca de kundalini.**

[7] La Verdad Absoluta no es revelada solamente mediante la introspección o la contemplación, que es subjetiva. De acuerdo con Sri Shankara, es revelada sin el esfuerzo del buscador (es decir, él no puede forzar este hecho) –*Purusha prayatnam vina prakati-bhuthah.* Aunque el Vidente la experimenta, lo hace como una realidad independiente, que está más allá de su conciencia subjetiva.

NO ha logrado la realización del Ser. Solo cuando esto pase, va a comprender completamente que este Ser no es el ser con el que se ha identificado hasta ese momento, ese ser que es feliz cuando algo bueno sucede y es infeliz cuando ocurre algo malo. Él va a comprender que ese Ser está siempre lleno de dicha absoluta. Es el cuarto estado de conciencia, *Turiya*, que es el testigo de los otros tres estados, no afectado por ninguna de las cosas que sucedan en ellos, el que **siempre** se mantiene puro por sí mismo.

¿Cuáles son las características de aquel que ha realizado ese Ser? Una persona que ha realizado ese Ser es alguien que siempre está inmerso en la dicha de *Brahman, Brahmanandam parama sukhadam;* quien está lleno de ese estado de pura conciencia, *kewalam jnanmurtim.* Alguien que está constantemente consciente de la felicidad en su mente, en un estado que no tiene opuestos, en el que no hay dos polos, *dandwa teetam.*

Una persona, en este estado, no se disgusta cuando algo sale mal. Ni tampoco se pone excesivamente eufórica cuando las cosas salen como ella quiere. Ha comprendido que ese Ser que está en ella es el mismo Ser que está en todos los demás, *tatwamasyadilakshyam.* Es lo único, *ekam,* que es eterno, *nityam.* Es *vimalam;* esto es, no hay *mala* o impurezas de ningún tipo en el. También es absolutamente inmóvil, *achalam.* Por lo tanto, para entenderlo y experimentarlo, la mente también debe estar *achala,* sin ningún movimiento. Es el testigo de todo lo que está sucediendo, *sarvadhee sakshibhutam.* Está libre de caprichos, *bhava teetam.* Una persona que ha desarrollado esa conciencia mediante el correcto *sadhana* no está enojada en un momento, afectuosa en otro y llena de odio más tarde. También está libre de la influencia de los atributos de la naturaleza[8], *triguna rahitam.*

El buscador comienza meditando durante diez minutos. Lo hace silenciosamente sentado en algún sitio, desarrollando una conciencia de sus propios pensamientos. Con suficiente práctica, esto comienza a hacerse tan naturalmente que está consciente de de sus sentimientos y sus pensamientos **en todo momento.** Está

---

[8] Los atributos de la naturaleza (*gunas)* son: *sattva, rajas* y *tamas. Sattva* representa el equilibrio perfecto, la paz, el bien, etcétera. *Rajas* representa la acción y la actividad (opuesto a la inercia). *Tamas* representa la inercia, lo holgazán, la ignorancia, etcétera (denota oscuridad).

constantemente consciente de dónde se encuentra su mente en todo momento, de cómo su ego crece y se fortalece día a día, de cómo entra en acción el orgullo y lo hace imaginarse mejor que los demás. Todas estas cosas son **constantemente observadas** por él. Esto es la verdadera meditación, y se puede decir que está en meditación **perpetua**, no solo cuando se sienta para las sesiones que realiza durante breves períodos de tiempo cada día. No hay duda de que esas prácticas diarias son también necesarias e importantes. Pero es únicamente mediante la **conciencia constante** que el Ser puede alcanzarse.

Más que nada debe ser persistente en seguir el camino de la *sadhana Vedanta*. Debe tener coraje y no quedarse empantanado en las dificultades. Siempre habrá obstáculos en el camino de los sinceros buscadores de la Verdad. Si uno cae dos o tres veces y admite la derrota, entonces la carrera habrá terminado. Aquel que cae pero se levanta nuevamente y avanza con valentía es quien, finalmente, romperá la cinta de llegada. Por eso, el *Upanishad* declara: *Nayan Atma balahi neha labia;* esto es: "Este *Atman* no es alcanzable por los débiles". Esta era una de las frases favoritas de Swami Vivekananda. Lo que se insinúa como "fortaleza" en este contexto es el coraje, la iniciativa y la energía requerida por este tipo de *sadhana* espiritual. Para contar con esta energía, el *sadhak* inteligente debe asegurarse que sus energías no se disipen en actividades inútiles. Nadie puede evitar la actividad, pero muchas veces la gente se involucra en actividades que resultan inútiles en el esfuerzo por alcanzar la Verdad.

¿Cómo puede una persona saber si las actividades en las que está involucrada sirven a su propósito? Solo puede descubrirlo si desarrolla su conciencia. Entonces será capaz de sentarse y de pensar: "¿Cuáles de las actividades que realizo son realmente útiles para acercarme a mi objetivo y cuáles son simplemente hábitos?" Los hábitos pueden ser inofensivos en sí mismos; por ejemplo ir al club a jugar a las cartas. Otros pueden ser dañinos, como la adicción a los juegos de azar o al sexo ilícito. Lo importante desde el punto de vista espiritual es que uno sea consciente de las acciones que son hábitos o adicciones y de las actividades que son realmente beneficiosas para uno.

(El ensayo precedente está basado en una de mis conferencias. Como la conferencia generó preguntas importantes relacionadas con estos temas, las transcribo a continuación – M.)

Preguntas y respuestas

P.1. *¿Hay signos psicológicos o de otro tipo mediante los cuales un buscador puede saber por si mismo si está progresando por el buen camino?*

M: Esta es una pregunta relevante. Comprendo muy bien que un aspirante espiritual quiera saber la respuesta a esta pregunta en las etapas más tempranas de su búsqueda. Uno de los síntomas más importantes es volverse cada vez menos egoísta. Mientras progresa en el camino, uno comienza a percibir la presencia del Ser real, aunque sea vagamente, en otras personas. Por consiguiente uno tiene mucho cuidado en no hacer nada que pueda dañar a otra persona. No por las peleas que eso pueda ocasionar, ese no es el problema. El problema más bien es: "Siento que, si lo lastimo, me lastimo a mí mismo". Esta es una señal muy importante. La otra es que la mente comienza a estar más silenciosa y que, generalmente, no se agita por cuestiones insignificantes. Esto no es producto de la insensibilidad. Debemos notar que hay una diferencia entre ser insensible a algo y no ser afectado por eso mismo. Los más grandes *yoguis*, que fueron los *rishis* de la antigüedad –aunque no tan lejos en el tiempo podemos citar a Swami Vivekananda-, no eran insensibles ni haraganes. Trabajaban arduamente por un ideal, no para ellos mismos. Había muchas dificultades, enfrentaban muchos obstáculos, pero, generalmente, permanecían serenos. Como resultado, continuaban reteniendo el equilibrio, y el trabajo se hacía con soltura. Estos son algunos de los indicios que un buscador puede encontrar al principio. Pero a medida que va profundizando su *sadhana*, comenzará a descubrir nuevas dimensiones, aun en sus relaciones con otras personas.

P.2. *¿Ese tipo de persona manifestará alguna diferencia cualitativa externamente, manifestará el cambio a través de sus acciones?*

M: Hay diferencias externas. No hay una regla que se pueda aplicar a rajatabla acerca de cómo el cambio se traduce en las acciones. Pero lo primero que he dicho es el criterio de que el aspirante se volverá menos egoísta de lo que era al principio y esta es una clara señal de progreso. Mientras tenga amabilidad y compasión en su corazón, el cambio se producirá en él. Y si una persona realiza el Ser y es libre, entonces sus obligaciones no lo retendrán. Puede cumplir con ellas, si es que así lo desea. Nadie lo puede forzar a hacer nada que no quiera hacer.

P.3. *¿Cualquiera puede progresar en el camino espiritual? ¿Por qué no todos son atraídos hacia este camino?*

M: Sí, se puede progresar con esfuerzo. Pero la guía de una persona que ya lo haya transitado va a ser de gran ayuda al respecto. En cuanto a las personas que no son atraídas hacia el camino espiritual, hay muchas a las que, por ejemplo, no les interesa la investigación científica. Solo les interesan las actividades del día a día. No se interesan en nada más complicado porque sus cerebros no están suficientemente desarrollados. Hay una explicación metafísica para esto: sus cuerpos sutiles y sus *prarabhda karmas*, o los *karmas* de sus vidas pasadas, no han madurado. Esta es una explicación discutible, solo teórica en este momento. Lo que estoy tratando de decir es que sus cerebros no están suficientemente desarrollados como para tratar temas sutiles. Solo están interesados en el mundo y en lo que está sucediendo en el mundo.

P.4. *¿Qué es nididhyasana y cómo ayuda en la búsqueda del Ser?*

M: *Nididhyasana* es asimilar lo que has aprendido en tu búsqueda del Ser. El tema es tan sutil, que escuchar una conferencia o leer algo una vez puede no ser necesario. Uno deberá volver al tema una y otra vez. Luego de repetidos esfuerzos, puede, finalmente hacerse una idea de lo que se trata todo esto. En estas cuestiones uno debe comprender silenciosa, profundamente. Este proceso es la meditación. Si te pasas la vida entera en *shavana* o escuchando acerca de estos temas, entonces *manana* o pensar acerca de las ideas y *nididhyasana* o la comprensión de conceptos sutiles se darán automáticamente. Estos son solo diferentes términos utilizados para diferentes partes del mismo proceso. Si te concentras en una, las otras se darán automáticamente. El único punto es que uno debe concentrarse **completamente**, con entusiasmo.

P.5. *¿Puede un agnóstico lograr la realización del Ser?*

M: Seguro. Pero cuando logre la realización del Ser, no seguirá siendo un agnóstico. Ese es el punto. En la búsqueda *Vedanta*, a diferencia del *Bhakti marga*[9] –quiero enfatizar que no estoy tratando de calificar estos dos caminos de ninguna manera-, uno no debe comenzar su búsqueda con la premisa de que tiene fe. El estudiante hasta podría comenzar diciendo: "Sí, tengo una duda. Entonces encontraré cuál es la verdad". Ese estudiante es alentado por su *gurú* para encarar el tema sin miedo. Como las dudas han ingresado a su mente, solo esa misma mente podrá determinar las respuestas. Por consiguiente, uno puede ser agnóstico y, aún así, encarar la búsqueda hasta la realización el Ser. Pero siempre debe comenzarla de la manera correcta. Debe **suspender sus juicios** hasta que esté seguro de que ha llegado a las conclusiones correctas. No necesita creer todo lo que su *gurú* le dice. Al mismo tiempo, tampoco debe comenzar la búsqueda con la actitud de **no creer** nada de lo que le dice su *gurú*. Es importante que el agnóstico tenga una mente abierta. Si no encuentra la Verdad, aún después de indagar profundamente en las cosas, continuará siendo un agnóstico. No obstante, si tiene éxito en su intento, su convicción será muy sólida. "Creer" y "averiguar" tienen significados totalmente opuestos. Creer implica que uno no conoce; entonces, uno cree. Pero cuando el agnóstico averigua y, como consecuencia, conoce la verdad, ya no es cuestión de creer: él **sólo conoce.**

---

[9] El camino devocional.

Capítulo 7
En el mundo pero no del mundo

Una pregunta frecuente es si uno puede llevar adelante una vida espiritual y, al mismo tiempo, estar a cargo de un hogar, ganar un salario, involucrarse en negocios, ser parte de la sociedad y demás. La respuesta es un **SÍ** categórico. Para ser espiritual no hace falta escapar del mundo. Si eres cuidadoso y sabes qué hacer, podrás beneficiarte de lo mejor de ambos mundos, con la ayuda de Dios.

Muchos de ustedes conocen el paralelismo de la flor de loto, que crece y florece obteniendo sus nutrientes del agua pantanosa y estancada pero sin dejar que ella moje sus pétalos. El agua no puede posarse sobre los pétalos del loto: se desliza sobre ellos en forma de gotitas. Esa es la clase de vida que vive un *yogui*. Él obtiene sustento para su cuerpo del mundo material, pero no se corrompe, se mantiene impoluto y desapegado de él.

El inimitable Sri Ramakrishna Paramahansa compara al *yogui* con una mucama: "La mucama trata a la casa en la que trabaja como si fuese de ella. Mantiene todo limpio y en orden. Se refiere a los chicos de la casa como si fuesen de ella. Pero, en lo más profundo de su corazón, sabe que nada le pertenece". Esa es la actitud de un verdadero *yogui*. Él vive y trabaja en el mundo. Vive con su familia, esposa, hijos, amigos, padres y demás, pero sabe, a través de la meditación profunda, que todo eso es temporal y que va a tener que dejarlo algún día. La única realidad es el Ser que está presente en todos lados y que brilla en los lugares más recónditos de su corazón.

En el *Bridharanyaka Upanishad*, Yajnavalkya le dice a su esposa Mythreyi: "Escucha, ¡Oh Mythreyi!, el hijo es querido por su padre y el esposo es querido por su esposa, no debido al hijo ni debido al padre ni al esposo ni a la esposa, sino debido al Ser que está dentro de ellos. Lo que aman es el Ser que habita en ellos. Equivocadamente piensan que el amor es por la forma externa".

Todos los seres humanos buscan la felicidad. Pero bajo la influencia de la ignorancia, *avidya*, la buscan en el mundo externo de los sentidos. Disfrutan un poco, luego la pierden y ansían más. Y la dicha permanente, el verdadero gozo, un millón de veces más gozoso que los pequeños gozos del mundo sensorial, está allí mismo en el centro del Ser. En los corazones de todos los seres humanos está el *Atman*, la reserva de gozo y de existencia universal.

Kabirdas[1] ilustra muy bien esta tragedia del hombre con la analogía del ciervo de almizcle. Este ciervo olfatea el almizcle cuando sopla el viento y busca su fuente, aun en los arbustos espinosos, hasta que su hocico empieza a sangrar. Él no se da cuenta de que el almizcle está allí mismo, en un saco bajo su propia cola.

Todo eso puede ser verdad, pero dices que no puedes vivir en el mundo y permanecer desapegado de él. Tu madre, tu padre, tu esposa, tus hijos, todos ellos te quieren. Están tan apegados a ti, ¿cómo puedes entonces permanecer desapegado? Lo que aquí se pasa por alto es que nadie quiere **realmente** a otra persona al menos que el vínculo sea espiritual, como el caso de un verdadero Maestro y de un verdadero discípulo. De hecho, a nadie le gustaría tomar tu lugar a la hora en que te llame la muerte. Esa es la prueba suprema.

Esto no quiere decir que uno deba escapar del mundo e irse a las montañas o a vivir al bosque o volverse un *sannyasin*. *Sannyasa* es, ciertamente, una gran etapa de la vida, y algunos dicen que es la mejor. Es verdad. Aún así, ¿cualquiera puede volverse un *sannyasin*? ¿Cuántos *sannyasin* verdaderos puedes encontrar hoy en día? ¿Son *sannyasins* todos aquellos que visten túnicas de color ocre? Muchos utilizan la túnica como una manera de ganarse el sustento.

Muchos se vuelven *sannyasin* repentinamente y se arrepienten de su irreflexión durante el resto de sus vidas. No tienen el coraje de abandonarlo y dejar a un lado su hipocresía. Otros visten la túnica ocre y viven una vida mucho más sensual que cualquier persona ordinaria. Rara vez encontramos un verdadero *sannyasin*, un diamante en el estiércol.

---

[1] *Kabirdas* (1440 – 1518) fue un gran Santo que vivió en la ciudad sagrada de *Benares*, al norte de la India. Era un tejedor, y a pesar de ser musulmán de nacimiento practicaba el *bhakti marga*. Tomó al Santo Hindú *Ramanand* como su *gurú*. Llevó una vida muy simple y cantaba coplas que reflejaban su profunda experiencia espiritual y sus aplicaciones en la vida diaria. Estas coplas son conocidas como *dohas*, y son populares en toda la India, especialmente en el norte, donde se las utiliza para contrarrestar rituales vacíos e intereses creados por los sacerdotes.

Los antiguos sabían que no era posible para la mayoría de las personas volverse renunciantes sin pasar por la experiencia de ser responsables de un hogar. Por lo tanto, dividían la vida en los cuatro *ashramas* o etapas. El célibe, hombre joven que se dedicaba al estudio de las escrituras, de las artes y de las ciencias seculares era llamado *brahmacharin*. Soltero, podía dedicarse a adquirir conocimiento sin los obstáculos ni las responsabilidades de una vida de familia. Cuando había completado sus estudios, podía elegir entre una vida de total renuncia, para la cual estaba preparado, y una vida de familia.

La mayoría de las veces era aconsejado para seguir el camino de la vida de familia, conocido como *grihasthashrama*. Llevar adelante esta vida no quería decir vivir de manera permisiva y licenciosa. Quien estaba a cargo de un hogar era una persona muy respetada. Un hombre casado, con hijos, que se ganaba el sustento honestamente, cuidaba de su familia, practicaba diariamente los ejercicios espirituales como la meditación y el estudio de las escrituras, y por sobre todo, contribuía al patrimonio espiritual proveyendo comida, ropa y refugio para los mendigos errantes, *sannyasins* y *sadhus*. La caridad era parte de sus deberes.

Cuando ya los hijos no necesitaban más su soporte, él y su esposa, ambos competentes en temas espirituales, buscaban sitios tranquilos en bosques o sus alrededores, construían una ermita y comenzaban una vida tranquila, de contemplación y de estudio profundo de los *Upanishads*. Esa era la etapa de *vanaprastha*. Luego de investigar y meditar profundamente, el *vanaprastha* estaba calificado para entrar en la gozosa Conciencia Suprema y se convencía, por su propia experiencia personal,de la irrealidad del mundo exterior en comparación con el eterno *Brahman*. Entonces era libre de convertirse en un *sannyasin*. Se volvía un renunciante, por encima de toda casta, credo y aun sexo. Un ser libre, sin ningún tipo de posición, que se alimentaba de lo que conseguía en su camino y que dormía bajo los árboles o a cielo abierto, con el corazón rebalsando del gozo de *Brahman*. Él era un verdadero *sanyasin*. Habiendo experimentado el mundo de los sentidos, lo había rechazado deliberadamente a favor del Infinito- existencia, conciencia y bienaventuranza sin fin (*sat, chit, ananda*).

Esta división tradicional de la vida en etapas es aún hoy relevante, aunque este tipo de *sannyas* es difícil de encontrar. ¿Dónde están los hombres de familia deseosos de darle apoyo a los *sannyasins*? ¡Hay muy pocos! Tantos impostores han vestido la túnica de color ocre, que es muy probable que el hombre ordinario pase por alto en la calle a un genuino *sannyasin* que esté mendigando su comida. Y por supuesto que están justificados, pues a nadie le gusta que le tomen el pelo.

Para el *sannyasin* que es parte de un *ashram* establecido es una historia diferente. Él no tiene que mendigar su comida o su vestimenta o buscar refugio. Pero no es un *sanyasin* en el sentido estricto de la palabra. Ha dejado su familia para unirse a una familia más grande, que es la organización a la cual pertenece. No trabaja como el laico ordinario, pero ciertamente trabaja- en la biblioteca, en el templo, en la cocina, con la contabilidad o en cualquier sector del *ashram* que precisa su ayuda para mantenerlo funcionando. Él busca recaudar fondos: vende libros, junta dinero para varios *thithi pujas*[2], y demás. Nada de esto hace para sí mismo, sino para el *ashram,* cuya existencia está relacionada con su propia supervivencia. Si el *ashram* sobrevive, él sobrevive, y viceversa. Esos *sannyasins*, que pertenecen a organizaciones religiosas, también tienen un papel en el drama de la vida. Y es, en efecto, un papel importante únicamente si pueden mantener sus corazones anclados al Espíritu y no son atrapados por las políticas organizacionales, o por el deseo sutil de que los devotos toquen sus pies, o por la tentación de convertirse en famosos oradores, o por la arrogancia de querer ser consejeros espirituales de importantes políticos.

Para la mayoría de la gente, casadas o solteras, el camino más recomendable es vivir en esta maravillosa creación de *maya*, y, al mismo tiempo, mantenerse en contacto con el Espíritu soberano que hace girar esta rueda mágica. Los grandes *rishis* lo han hecho, como Vyasa, Yajnavalkya y muchos otros; los grandes *yoguis* como Lahiri Mahasay; los Maestros Sufís, el gran Ramakrishna Paramahansa, aunque él es incomparable, es una categoría aparte.

---

[2] Adoración de Santos en sus cumpleaños de acuerdo con el calendario Indio ancestral.

Al principio es difícil vivir como ellos, pero, con la gracia del *gurú* y un esfuerzo sincero, encontrarás que hasta tus actividades del día a día son realizadas mucho mejor que antes una vez que el flujo de bienaventuranza *Átmica*[3] comienza a fluir a través de tu corazón durante las veinticuatro horas. No solo te volverás más afectuoso, compasivo y tranquilo, sino también más eficiente, alerta y práctico.

La espiritualidad no tiene nada que ver con la insensibilidad o con el letargo. Un holgazán que se la pasa soñando despierto y no hace nada útil no debe ser confundido con un Santo. La gente le teme a esto, y dice: "Si me absorbo en *Brahman*, ¿qué pasará con mi trabajo?". Pero es una simple excusa inventada por la mente para prevenir que te muevas en la dirección correcta. Ante todo, el hombre que es un buscador sincero busca la Realidad Suprema seriamente, sin preocuparse por las consecuencias. Lo que suceda con el desempeño de sus tareas cotidianas no le preocupa. No obstante, luego de estudiar las vidas de grandes Seres Realizados que vivieron en el pasado, se da cuenta de que, lejos de volverse inertes o inactivos, luego de realizar la Realidad Suprema, esos grandes Sabios se han desempeñado siempre mucho más eficientemente y han hecho obras maravillosas ante las cuales los mortales ordinarios quedan atónitos.

El hecho es que estos Seres Realizados no trabajan solos. El infinito *Brahman* trabaja a través de ellos. Considera el ejemplo del gran *Sankaracharya*[4], o más recientemente el del imponente Swami Vivekananda. O el de Kabirdas, quien trabajaba en su telar mientras cantaba sus canciones divinas. También está el del Rey Janaka, que manejaba muy bien su reino y estaba absorbido en *Brahman*. En el bosque, en las afueras de Videha, el *rishi* Yajnavalkya daba discursos espirituales y conducía diálogos acerca de la Realidad. El

---

[3] Derivado de *Atman*, el principio consciente en los seres humanos (alma).

[4] *Adi Sankaracharya* fue uno de los comentadores de *Vedanta* más tempranos. Nació en Kerala, al sur de la India. Fue el principal responsable de establecer los cuatro monasterios llamados *mathas* en el norte, sur, este y oeste de la India, para propagar las enseñanzas y sabiduría de la filosofía de la India. Se dice que desapareció misteriosamente en los Himalayas a los treinta y tres años de edad, después de desarrollar la formidable tarea de escribir los comentarios acerca de los principales textos de *Vedanta*.. Se lo considera la más alta autoridad en *advaita vedanta*.

asiento en la primera fila estaba siempre reservado para Janaka. Debido a esta distinción, algunos de los *sannyasins* y de los ermitaños que vivían en el bosque pensaban, con prejuicios, que Yajnavalkya estaba influenciado por el poder del trono. A veces, hasta expresaban su recelo. Yajnavalkya ni siquiera intentaba contestarles. Un día, un mensajero llegó, casi sin aliento, gritando que el palacio de Janaka en Videha se estaba incendiando y que el fuego se propagaba hacia el bosque. Muchos de los ermitas salieron corriendo inmediatamente para salvar sus pocas pertenencias, mientras que Janaka quedó sentado imperturbable y firme en su asiento esperando que el Maestro retomara su discurso. "Esta", dijo Yajnavalkya a los así llamados buscadores de la Verdad, "es la diferencia entre ustedes y Janaka. Él es el rey y vive en el palacio pero está totalmente desapegado de él. Su mente está anclada en *Brahman*. Ustedes son ermitaños y, aun así, sus mentes están ancladas a las pocas baratijas que tienen en sus chozas".

Janaka era llamado *Rajarishi*[5]. Encontrarán a *Krishna* refiriéndose a los *Rajarishis* en el cuarto capítulo del *Bhagavad Gita*, llamado *Jnana Karma Sannyasa Yoga*. En el verso 1 dice: "Le impartí este yoga inmortal a Vivaswan, Vivaswan se lo impartió a Manu, y Manu a Ikshwaku". En el verso 2: "Este *yoga*, entregado de Maestro a discípulo en sucesión, era conocido por los *Rajarishis*. Pero debido al gran lapso de tiempo transcurrido se perdió al mundo." En el verso 3: "Hoy te he develado el mismo *yoga* ancestral, que es un noble secreto, puesto que tú eres mi devoto y mi amigo".

Este *yoga* de *nishkamyakarma* -acción libre de deseo o trabajo no-egoísta y desapegado de los resultados- es ideal para esta era de *Kali*[6]. *Nishkamyakarma* no quiere decir que simplemente debes trabajar como un autómata, sin importar cuáles sean los resultados. Ciertamente te pones un objetivo y planificas bien para lograrlo

---

[5] Un rey que también es un *rishi* (Sabio) o un *rishi* que tiene las cualidades de un rey.

[6] De acuerdo con la cosmogonía Hindú, actualmente estamos en la era de *Kali (Kali yuga)*. Esta era comienza con la muerte de *Krishna* y supuestamente es un período en el cuál muchas fuerzas negativas se encuentran activas. La era de *Kali* finalizará con la próxima encarnación en la tierra de *Vishnu*.

mediante tu esfuerzo y tu concentración. Esta habilidad para concentrarte vendrá con la práctica de la meditación.

Pero, a diferencia del hombre ordinario, no te desanimarás si los resultados no son los esperados. Tanto en situaciones de triunfo como en situaciones de derrota, tu mente permanecerá balanceada, firme e imperturbable, y por consiguiente, totalmente "equipada" para lidiar con la situación o para hacer planes alternativos.

Este *nishkamyakarma* también se aplica a la meditación. La práctica de *dhyana*[7] se realiza tranquilamente, sean los resultados buenos o imperfectos durante cualquier sesión en particular. Pronto, la mente logrará cierta serenidad y será apta para recibir la experiencia conocida como *samadhi*.

Una vida espiritual no es incompatible con la existencia mundana. En realidad, una vida vivida correctamente en el mundo es propicia para la meditación. Esto es especialmente verdadero si también tienes la inclinación de practicar *asanas*[8], *pranayama*, etcétera, como es indicado en el camino del *ashtanga yoga*. Un *sannyasin* trotamundos no tiene acceso a una dieta adecuada, al descanso, al aseo, según prescribe dicho *yoga*. El *Gita* lo dice en pocas palabras: "Este *yoga* no es para quien come mucho o poco, duerme mucho o poco". Moderación es la palabra clave para el *hatha yogui* y el *raja yogui*[9]. Y esto se logra mejor en una vida de familia.

Inicialmente, son necesarios para la práctica de la meditación retiros ocasionales en lugares tranquilos y propicios, fuera del bullicio del día a día. Sri Ramakrishna solía decir que, cuando las plantas son pequeñas, una cerca de espinas alrededor de ellas es necesaria para prevenir que las vacas y las cabras las coman. Pero una vez que ellas han crecido un poco, las cercas ya no son necesarias. Una vez que estás establecido en la meditación con la gracia y la guía de tu Maestro, puedes vivir en medio del bullicio de una gran ciudad y, aún así, estar establecido en *Brahman*.

Llevar adelante una vida de familia no implica una libertad desenfrenada para vivir como te plazca. No puedes robar, engañar,

---

[7] Meditación.

[8] Posturas físicas en *yoga*.

[9] *Hatha yogui y raja yogui* son los practicantes de *yoga (yoguis)* que siguen los caminos del *hatha yoga* y *raja yoga* respectivamente.

mentir o cometer atrocidades hostigando a los demás y, aun así, lograr un estado espiritual. Sin embargo, a partir del momento en el que se activa el deseo de alcanzar un estado espiritual, la psiquis de una persona comienza a cambiar. No importa que tan malvada sea una persona. Su anhelo por lo Divino se incrementa y comienza a practicar su *sadhana* con mayor y mayor diligencia de tal modo que cualquier cosa que no es propicia para la vida espiritual cae por sí misma. Si ha vivido una vida pecaminosa hasta ese momento, en el sentido de que está en contra de sus principios espirituales, los Grandes Seres que gobiernan el universo, en su amabilidad infinita, lo sacan de ella y lo introducen en actividades que sean compatibles con un modo de vida espiritual.

No hay nada de que preocuparse. Existen fuerzas más grandes que pueden hacer cambiar tu actitud y tu modo de vida de manera tal que prosigas el camino sin estorbos y materialmente provisto; no solo tú, sino también quienes de ti dependen.

Si has visto gigantes espirituales viviendo una vida simple con mínimas necesidades es porque están en un estado de bienaventuranza suprema y han descartado, **voluntariamente**, el confort material. ¿Qué es lo que pierden? Han ganado el Espíritu Universal. ¿De qué les sirven unas simples baratijas? Ahora bien, no es una regla que las almas que han realizado a Dios deban vivir en la pobreza. Algunos han vivido en medio del lujo, desapegados de él y cumpliendo eficientemente con sus deberes. Otros han estado a cargo de un hogar, cuidando y manteniendo a una gran familia. Luego de experimentar que todo en el universo es el Señor Supremo mismo, grandes *Vignanis*[10] han hecho del universo entero su familia, en lugar de la pequeña familia a la que habían renunciado, y viven una vida de servicio constante.

Por ejemplo, Valmiki[11] el ladrón se convirtió en Valmiki el *rishi*. Lo principal es el deseo intenso de realizar lo Divino y la disciplina necesaria para practicar *sadhana.* No importa quién seas o qué seas, mientras tu deseo sea fuerte y tu *sadhana* ferviente.

---

[10] Los grandes Sabios que han realizado la sabiduría suprema.

[11] *Valmiki* era un cazador y un ladrón que se reformó y se convirtió en un gran *rishi.* Él es el autor de la gran épica hindú Ramayana.

Quiero contarte acerca de un gran *yogui* que conocí en *Dehradun*, en los Himalayas. Mi Maestro me guío hasta él para que aprendiera más acerca de *kundalini*[12]. Yo sabía que él era un gran hombre de negocios, pero la primera vez que lo vi me asusté. ¡Pensé que estaba frente a la persona equivocada! Nos encontramos en la estación de tren de Dehradun. Un hombre de mediana edad, alto, bien afeitado, que vestía un traje de tres piezas. Ya afuera me acompañó hasta su automóvil Mercedes Benz, manejado por un chofer uniformado. Yo estaba cansado y dormí casi todo el camino hasta Delhi. Me alojó en un segundo piso de un edificio de categoría en Gran Kailash, en Nueva Delhi, cerca del *bungalow* donde vivía con su esposa, tres hijos y tres perros ovejeros alemanes. Me dijo que el negocio inmobiliario era su negocio principal. Pero era verdaderamente un *yogui* muy avanzado, según pude descubrir a los pocos días. No solo me iluminó teóricamente acerca de *kundalini* y *Srividya*[13], también hacía demostraciones cuando era necesario. Desafortunadamente era uno de esos *yoguis* que prefieren permanecer en el anonimato por razones personales, por lo tanto no puedo revelar su identidad.

Ahora, y después de todo esto, si algún alma extraña entre todos ustedes aún siente que está calificada para llevar adelante una vida de *sanyasin*, piénselo seria y profundamente. Como me lo advirtió un *sadhu* que vivía un poco más allá de Vasishta Guha, cerca de Rishikesh, en los Himalayas: "*Sanyasa* es un estado elevado, y muy pocos tienen las cualidades para ello. Debes trepar muchos escalones para llegar a la cima y, si te resbalas y caes de semejante altura, puedes herirte gravemente y puede que no te sea fácil recuperarte." Siéntate silenciosamente y evalúa la situación. Si aún lo quieres, ve por ello.

Pero que el *sanyasa* no sea como el que describía Sri Ramakrishna al intentar desalentar a ciertas personas para convertirse en renunciantes. Él decía: "Repentinamente te ves invadido por el deseo de la renuncia, o eso crees. Sin decirle nada a nadie huyes a

---

[12] *Kundalini* es una fuerza o energía espiritual presente en todos los seres humanos. Salvo en los seres evolucionados espiritualmente, esta energía permanece 'dormida' o en estado potencial. Ver **Capítulo 9: Ideas falsas acerca de *kundalini*.**

[13] Práctica secreta y poderosa de *mantras* con el fin de despertar la *kundalini*.

Benares[14]. Unos días más tarde, escribes una carta a tu casa diciendo que estás bien, que estás buscando un buen trabajo y que no se preocupen por ti".

Muchas personas se preguntan cómo conducir su vida en el día a día mientras practican su *sadhana*. Por ejemplo, uno puede preguntarse cómo es que un hombre dedicado a la vida espiritual de la no-violencia, la paz y las buenas intenciones puede llamar la atención o reprender a sus empleados si estos cometen errores. ¿No es que enojarse, gritarle a alguien y ese tipo de cosas retardan el progreso espiritual?

Préstale atención a esta historia. Había una vez una gran cobra. Era tan peligrosa que nadie en la aldea se animaba a caminar por el camino junto al cual estaba su cueva. Un día, un joven *brahmachari* que estaba peregrinando, pasó por esa aldea. Todas las personas le advirtieron que no caminase por aquel temible camino porque la cobra, seguramente, lo mataría. El *Brahmin* les dijo que no se preocupasen porque él conocía suficientes hechizos como para mantenerla a raya. Se aproximó a la cueva de la cobra y la vio con el sombrerete levantado, lista para atacar. La calmó con sus *mantras*, y la víbora se convirtió en su discípula. Él enseñó a la víbora los elementos de la práctica espiritual y le dijo que, si quería llevar adelante una vida elevada, iba a tener que dejar de morder a la gente. La serpiente estuvo de acuerdo.

Luego de un año, el *brahmachari* pasó nuevamente por la aldea. Notó que la calle sobre la cual vivía la serpiente ya no estaba desértica. La gente iba y venía sin miedo. Entonces preguntó acerca de la serpiente. "Ah," dijeron, "aún está allí en su cueva. Pero nadie se preocupa más por ella; ya no muerde. Aunque la apedreemos no muerde. Así que, finalmente, le quebramos su espina dorsal. Ahora está inválida y solo sale a buscar comida por la noche y con gran dificultad". El *brahmachari* fue a la cueva y llamó suavemente a su discípula. *"Gurudev,"* dijo la serpiente con una voz muy débil, ya que estaba a punto de morir de inanición. "Aquí estoy. Seguí tus consejos y dejé de morder a la gente. Puedes ver con tus propios ojos lo que me ha sucedido. De todos modos, aún sigo meditando". "¡Oh, pobre desafortunada!" dijo el *brahmachari*. "¿Por qué no

---

[14] Ciudad sagrada de India.

utilizaste tu sentido común? Te dije que no mordieras, ¿pero te dije, acaso, que dejaras de silbar? Todo lo que tenías que hacer era silbar, y nadie se hubiese atrevido a acercarse a ti".

Hay también otra ilusión que algunas personas tienen acerca de la espiritualidad. Piensan que con las prácticas religiosas se debilita el cerebro y uno anda caminando por ahí con la cabeza en las nubes, incapaz, siquiera, de comprar buenas verduras en el mercado a un precio adecuado. Por el contrario, nada puede estar más lejos de la verdad. El *sadhak* experimentado no solo sabe entrar en trance sino también sabe cómo salir de ese estado y cómo ocuparse de la vida diaria eficientemente. No vive en las nubes.

Por otra parte, si ves a alguien con cara larga y con expresión de dolor, no confundas esto con un efecto de la religión. Eso es dispepsia, no religión. Sugiérele que haga algo para mejorar su digestión. Quizás esté sufriendo de estreñimiento…Un hombre verdaderamente religioso siempre tiene un semblante feliz.

Hay una anécdota de Swami Vivekananda. Una vez fue a verlo un hombre joven y le dijo que quería renunciar al mundo y convertirse en un gran ser como Buddha. El Swami le dijo que le parecía una idea loable. Acto seguido le preguntó qué tan educado era, cuántas riquezas o propiedades tenía y cuál era su estatus en la sociedad. Descubrió que el hombre era un cero en todas esas cosas. El Swami estaba muy sorprendido. ¿A qué demonios iba a renunciar este tipo? Le aconsejó que primero trabajara honestamente, ganara una sustancial suma de dinero y que luego lo volviera a visitar y le dijera si estaba preparado a renunciar a ello.

Comienza tu *sadhana* ahora, **en este instante**; todo lo demás tomará su curso. Si el pensamiento "Soy un hombre tan simple, ¿cómo podría yo realizar a Dios?" aparece en tu cabeza, recuerda que es una simple excusa que pone tu mente astuta para prevenir que sigas por el camino correcto. Si esperas primero convertirte en un ser moralmente perfecto para luego comenzar con tus prácticas espirituales, ese día nunca llegará. Comienza hoy. A medida que la bienaventuranza divina entre en tu corazón, te purificarás por dentro y por fuera. Así obtendrás la fuerza y la inspiración para moldear tu vida como lo desees.

Capítulo 8
El Gayatri Mantra

El *Gayatri Mantra* es uno de los *mantras* más antiguos de la India. Se dice que quienquiera lo recite estará protegido, *gayantam trayate, yasmat Gayatri tyabhidhiyate*. Su importancia radica en el hecho de que trata la relación entre el hombre y el universo, como así también la Realidad detrás de ambos. Está relacionado con el proceso de realización del Ser, con el despliegue gradual de nuestra naturaleza esencial, que no es otra que el *Brahman* de los *Upanishads*. La meditación en el *Gayatri* lo lleva a uno más allá de los tres estados de conciencia, hacia la condición de *Turiya*, la Conciencia sin divisiones (ya mencionado en capítulos anteriores).

Una pregunta natural es: "¿Es el *Gayatri* solo para el buscador espiritual y no para el hombre inserto en el mundo, involucrado en los dolores y en los placeres de la vida cotidiana? La respuesta es un enfático **NO**, porque la característica distintiva del *Gayatri* es su aplicación universal. Es tan importante para el buscador espiritual como para el práctico hogareño. Su importancia se hace evidente cuando consideramos el hecho de que no es solo un elemento primordial en todos los rituales religiosos (por tratarse de un *mahamantra*[1]), sino también es el *mantra* utilizado en el *sandhyavandanam* diario (ejercicios espirituales y oraciones que se realizan al amanecer, al atardecer y, preferentemente, al mediodía también) de los *nacidos dos veces*[2]: *Brahmin, Kshatriya* y *Vaishya*[3].

Hay una razón para tal aplicación universal.

Aunque atrapados como estamos en la "cotidianeidad" de vivir, necesitamos una clara y aguda percepción para comprender el significado más profundo de nuestros problemas y de los hechos mundanos si hemos de enfrentarlos de manera efectiva y práctica.

---

[1] Gran mantra.

[2] *Nacidos dos veces* era el término utilizado para designar a los miembros de las castas superiores en la India antigua. Se consideraba que nacían nuevamente cuando eran iniciados en el *Gayatri mantra*.

[3] Diferentes castas de la India. *Brahmin:* Perteneciente a la casta de los sacerdotes e intelectuales. *Kshatriya:* perteneciente a la casta de los guerreros y gobernantes. *Vaishya:* perteneciente a la casta de los comerciantes.

El intelecto o la razón es frecuentemente incapaz de proveernos la deseada claridad, y el resultado es invariablemente una actitud de : "El espíritu quiere, pero la carne es débil". Démosle una mirada al mundo que nos rodea. ¿Es una falta de intelecto o de capacidad de razonamiento lo que nos ha llevado al lugar en el que estamos? Ciertamente tenemos conocimiento, pero solo en el nivel superficial, solo acerca de la superficie. De otro modo, ¿cómo podríamos explicar el comportamiento aberrante de algunos de nuestros grandes filósofos, científicos o líderes? Presentan, constantemente, una dicotomía en sus vidas. Por ejemplo, una persona pública moralmente recta y con una vida privada moralmente turbia. Lo que es evidente es que ambos, el hombre pensante y el hombre que no piensa, presentan la misma actitud básica hacia la vida. Sufren del mismo mal: la falta de discernimiento. De acuerdo con nuestras escrituras, especialmente *Vedanta*, el discernimiento solo es posible cuando se utiliza una facultad más elevada que el intelecto. Esa facultad es *buddhi*, que puede ser aproximadamente definida como intuición templada con intelecto. Y el *Gayatri* es el vehículo o modo de alcanzar esta fuente de discernimiento o *viveka*. El desarrollo del discernimiento mediante el *buddhi* es esencial, no solo para prevenirnos de ser *adhármicos*[4], sino también para propulsarnos hacia la iluminación suprema.

Consideremos ahora la palabra *Gayatri*. *Gayatri* es el nombre de una métrica[5] particular utilizada para escribir determinados *shlokas*[6] en sánscrito. La métrica *gayatri* consiste en veinticuatro sílabas, *aksharas*, uniformemente distribuidas en sus tres pies, *padas*. De ahí que también se la conoce como *Tripada gayatri.* (Hay otras métricas que contienen veinticuatro sílabas, pero su distribución no es como en la métrica *gayatri*.) Hay muchos *gayatri mantras*; por ejemplo, el primer *mantra* de los *vedas* está escrito en métrica *gayatri*. Pero el *Gayatri mantra* que estamos tratando en este capítulo, por virtud de su aplicación universal, se ha apropiado del nombre de la métrica de manera tal que, al hacer mención a esta métrica, se evocan las palabras de este *mantra* en particular.

---

[4] Inmorales, injustos, no-rectos.
[5] La métrica (distribución de las sílabas en un orden que determina el sonido y tono del *mantra*) le da sinergia a los efectos del *mantra*.
[6] Estrofa, verso.

Cada pie del *Gayatri mantra* representa el *Rig, Yajur* y *Sama Vedas*. (El *Atharva Veda* tiene su propio *Gayatri*). De hecho, está mencionado en los *Vedas*: *"Gayatrim chandasma mata"*. *Chandasma* aquí quiere decir los *Vedas*, por lo tanto: *"Gayatri* es la madre de todos los *Vedas"*.

Démosle un vistazo al *Gayatri mantra*:

Aum Bhur Bhuvah Suvaha

Tat Savitur Varenyam

Bhargo Devasya Dheemahi

Dhiyo Yonah Prachodayat

Si exploras estas líneas con tu vista, notarás que la primera línea no se condice con la métrica *gayatri*. Consiste del *pranava*[7], *Aum,* y las *maha vyahritis* (las diferentes esferas de la existencia), comenzando con este mundo que percibimos con nuestros sentidos, *bhuloka*[8]. Esto forma la primera parte del *mantra*. La segunda parte, métricamente dividida en dos líneas, finaliza con *Dheemahi*. La tercera parte es la última línea.

Esta división en partes no es arbitraria. Representa las tres etapas del desenvolvimiento de uno hacia la Conciencia Primordial. La primera parte prepara el trasfondo espiritual para la operación de la segunda y de la tercera parte. Mientras que la primera parte hace del aspirante un *upadhi*, el correcto vehículo o receptáculo para el

---

[7] Término utilizado haciendo referencia a *Aum* -palabra "semilla" que provee energía *(prana).*
[8] De acuerdo con la cosmogonía Hindú, existen siete reinos *(lokas)* o esferas de existencia paralelos. Este mundo que percibimos con nuestros sentidos *(bhuloka)* es el más denso de esos reinos. A medida que vamos avanzando hacia el séptimo reino, cada uno es más sutil que el anterior. *Bhuloka, bhuvharloka* y *suvargaloka* son los primeros tres reinos. A ellos se hace referencia en el *Gayatri mantra* como *bhr, bhuvah* y *suvaha* respectivamente. También estas tres palabras hacen referencia a los tres estados de conciencia que se han discutido en capítulos anteriores. *Bhur* es el mundo de la vigilia, *bhuvah* representa el mundo del sueño, y *suvaha* representa el mundo del sueño profundo sin sueños.

descenso de la Conciencia Suprema, la segunda parte intensifica su aspiración mental por ello. Pero la realización de la Conciencia Primordial solo se logra mediante la Gracia Divina, y esta Gracia se obtiene mediante la entrega de uno mismo en la tercera parte.

Para comprender el significado del *mantra*, es necesario un análisis de sus principales elementos, comenzando por el *pranava.*

La palabra AUM es una palabra con tres aspectos, aunque cuando vocalizada, es un único sonido. Puede ser dividida en tres secciones: "a", "u" y "m". Los *Upanishads* y los *Vedas* le han dado varios significados a estos tres sonidos.

Una de las interpretaciones frecuentemente encontradas es que "a" representa la creación, "u" la preservación y "m" la destrucción o la transformación de algo viejo en algo nuevo. Esto último solo puede pasar al comenzar nuevamente con "a". Aun hasta la manera en que las letras fueron ordenadas es significativo -por supuesto, al producir el sonido, las letras se fusionan. "A"es el sonido más fácil de producir y se lo conoce en sánscrito como *akara.* Tanto en sánscrito como en la mayoría de las lenguas del mundo es la primera letra del alfabeto. El próximo sonido, "u", debe ser producido desde adentro de la boca y sobre la lengua –por su naturaleza, este se puede mantener durante un período de tiempo más prolongado- y representa el estado medio de la preservación. El sonido "m" solo se logra cerrando los labios, y representa la última etapa de un ciclo completo. Para producir un nuevo sonido, la boca debe abrirse nuevamente. Simbólicamente, "m" pone un punto final a lo que la misma boca comenzó.

Además de esta representación simbólica y fisiológica, *Aum* tiene otras interpretaciones. En una de ellas, "a" representa a *sattva y Brahma,* "u" representa a *rajas* y *Vishnu* y "m" a *tamas*[9] y a *Shiva.* Esto es una modificación de la interpretación anterior. Otra es que "a"es *akar* o forma, el elemento tierra; "u" es el elemento aire moviéndose hacia arriba y "m" es el vacío.

De todas las interpretaciones, la que tiene la más elevada importancia filosófica es la del *Chandogya Upanishad* y, con un detalle aún mayor, la del *Mandukya Upanishad.* El *Mandukya* dice

---

[9] *Sattva, rajas y tamas* son los tres *gunas* o atributos de la naturaleza.

que "a" es nuestro estado de vigilia, desde el cual reconocemos normalmente al mundo utilizando nuestros sentidos y nuestra mente. Vivimos en el mundo y disfrutamos y sufrimos a medida que atravesamos distintas experiencias. Es un estado de conciencia, según lo mencioné en otra parte de este libro, que se lo denomina *jagrata awastha*. Esto implica que la "u" utilizada en este *mantra* representa el estado de sueño o *swapna awastha* y el *sukshma sharira* o cuerpo sutil. Finalmente, "m" representa *sushupti*, el estado de sueño profundo sin sueños y el *karana sharira* o el cuerpo causal.

El sonido del *Aum* no es abrupto como un bufido de rabia. Deja una vibración conocida como el *ardha matra*. Y es similar al sonido que continúa después de golpear un gong. Este sonido representa el *Turiya awastha*, la Conciencia sin divisiones mencionada en reiteradas oportunidades en otros capítulos.

Por las letras del alfabeto occidental, uno no puede captar la esencia total del significado de *Aum*. En *devangari*, la palabra se escribe de una manera especial (ver **ilustración 1**).

Ilustración 1: Aum en caracteres *devangari*.

Esta no es la manera más simple en la que se lo puede escribir en ese alfabeto; la representación más simple para ese sonido sería: ... Pero se lo escribe simbólicamente con esa elegancia característica.

Como todas las cosas en *Vedanta*, este símbolo particular fue diseñado de manera tal que uno pueda distinguir lo sutil de lo burdo. La forma del sonido ayuda a visualizar los diferentes estados de conciencia en conjunción con las vibraciones causadas por la vocalización. (Si se alarga el sonido "u" mientras se recita, se supone que se transfiere el efecto del canto del *mantra* a todas las personas. Si se alarga el sonido "m", ayuda a que uno entre en un estado meditativo.) Escrito en *devangari*, el trazo superior del carácter que se asemeja al número tres, simboliza a *bhur* y *jagratawastha* (estado de vigilia). El trazo inferior de este mismo carácter simboliza *bhuvar* y *swapnawashta* (estado de sueño). El trazo de la derecha, que a veces se lo compara con la trompa de un elefante[10], representa *suvarloka* y *sushupti* (estado de sueño profundo sin sueños). La pequeña luna creciente con una estrella es el *ardha matra*, la resonancia que continúa luego de pronunciar *Aum*. Esto también se conoce como el *anahata chakra*. *Anahata* quiere decir aquello que no es golpeado. Denota un sonido que no proviene del golpe de dos objetos, como lo hacen los sonidos físicos. El *ardha matra* es un sonido psíquico, que uno puede escuchar internamente en estados de meditación profunda. Como fue mencionado anteriormente, este sonido representa el *Turiya awastha*, la Conciencia sin divisiones. Esta queda representada en el símbolo *Aum* por la luna creciente y la estrella.

Debido a que una presentación acerca de *Aum* puede llegar a ser interminable y queda fuera del alcance de este pequeño ensayo, sería necesario hacer solo una referencia final por su importancia. En el *Katha Upanishad, Yama* le dice a *Nachiketas* : "Esa palabra que todos los *Vedas* declaran, que todas las austeridades proclaman, esa palabra que expresa el deseo de quien vivirá la vida de un estudiante religioso, esa palabra a ti te la diré en breve. Eso es *AUM*. Esta sílaba es, en verdad, el espíritu eterno. Esta sílaba es realmente

---

[10] El Señor *Ganesha* es llamado *Aumkararupa,* porque en *devangari, Aum* se parece al ideograma de un elefante. *Ganesha* es una deidad del panteón Hindú que tiene cabeza de elefante. Se lo invoca para eliminar todo tipo de obstáculos. Se lo considera el primer hijo de *Shiva,* uno de los aspectos del Ser Supremo, y de su consorte *Parvati,* que representa la Energía Suprema. *Ganesha* también representa al *Aum* porque al ser el primer hijo de *Shiva* y *Parvati* se lo considera el primer sonido que sale de la Realidad Suprema.

el fin más elevado. Conociendo esta sílaba, sea cual fuere el deseo que uno tenga, lo conseguirá"[11].

Las siguientes tres palabras de la primera línea –los *vyahritis: Bhur, Bhuvah* y *Suvaha*– son de un modo explicaciones más amplias acerca del contenido simbólico de *Aum,* el *pranava.*

Pero hay aún más afinidad entre el *pranava* y los *vyahritis.* De acuerdo con el *Chandogya Upanishad, Prajapati*[12] meditó en los tres aspectos del conocimiento (los tres *Vedas*) y, como resultado de su meditación, extrajo su esencia: *Bhur* del *Rig Veda, Bhuvah* del *Yajur Veda* y *Suvaha* del *Sama Veda*[13]*.* Cuando meditó en mayor profundidad en estos *vyahrities*, la sílaba *Aum* fue el resultado.

Volviendo al *mantra* propiamente dicho, se debe puntualizar –y esto es muy importante– que el *Gayatri* es traducido de tantas maneras como hay eruditos con sus respectivas perspectivas personales. Se pueden enumerar muchas razones para justificar tal diversidad de opiniones. Dejando a un lado la incompetencia de algunos de los intérpretes, podemos llegar a una razón para tantas variantes: la naturaleza extremadamente rica y compleja del lenguaje sánscrito. Muy a menudo, la misma palabra o la misma expresión tienen diferentes significados en diferentes contextos. O pueden tener varios significados relacionados en el mismo contexto.

También hay que tener en cuenta la naturaleza altamente flexional del conocimiento que determina su sintaxis. Una adhesión estricta al análisis gramatical dará como resultado una especie de significado, pero no el correcto. La única interpretación correcta depende de la percepción del contexto sutil que está más allá del descifrado lingüístico racional[14]. Dicho brevemente, solo podemos llegar al

---

[11]Según traducción del Dr. Radhakrishnan.

[12] El Señor de todas las criaturas vivientes.

[13] El *Atharva Veda* apareció más tarde, por eso no es mencionado en los textos más tempranos.

[14] Es interesante comparar esta situación con la filosofía moderna de la deconstrucción. La deconstrucción fue iniciada por el filósofo francés Jacques Derrida a fines de la década del 60. Él decía que la filosofía occidental se había enraizado en una tradición que buscaba la verdad y la certeza del significado privilegiando ciertos tipos de interpretación y reprimiendo otros. Además, hacía énfasis en la inestabilidad y en los diferentes matices del significado del lenguaje y en lo limitado (o la

verdadero significado a través del *buddhi*, cuya facultad el *mantra* busca desarrollar en el aspirante. Esta situación parece ser un *petitio principi*, un argumento en círculos. Sin embargo, aquí yace el poder del *mantra*: acercar al aspirante más y más a la contemplación de sus palabras[15].

Una interpretación literal aproximada, diferente de la traducción del *mantra*, es la siguiente:

"Contemplamos al Creador o Fuente de todo,

aquella adorable, resplandeciente Divinidad,

y oramos para que nuestra inteligencia sea iluminada y estimulada,

de manera tal que seamos capaces de comprender la Verdad

Absoluta".

Hay una palabra crucial en este *mantra* que lo distingue de todos los otros *mantras*. Esta palabra es *dheemahi*. Significa: "meditamos en" o "que podamos meditar en". Sea cual fuere el significado que seleccionemos -una aseveración o una plegaria-, el aspecto importante es que está en plural. Y esto tiene un gran significado. Este es es un *mantra* para ser recitado generalmente como un *mantra* personal. Entonces ¿por qué está en plural? El plural implica que la oración es para el beneficio de todos, aunque el aspirante está buscando el desarrollo de su conciencia espiritual. Al estar en primera persona del plural, hace hincapié en que la misma Conciencia Universal está latente en todos nosotros. Es esta trascendencia del deseo de un estrecho beneficio personal lo que reviste al *Gayatri Mantra* de su gran poder.

---

imposibilidad) de la interpretación . *(Oxford English Reference Dictionary)*.

[15] El *mantra* puede ser recitado sin conocer su significado, y aún así, uno puede beneficiarse con él.

Como todos los *mantras*, *Gayatri* también tiene su deidad protectora[16]. Aunque se dirige a *Savitur,* el sol, su deidad protectora es *Gayatri. Gayatri* es la contraparte femenina de la trinidad: *Brahma, Vishnu* y *Shiva,* o sea, sus consortes: *Saraswati, Lakshmi* y *Parvati* respectivamente. Estas representan el aprendizaje, las riquezas y la protección. Se les reza para obtener ayuda en asuntos personales mundanos, mientras que el *Gayatri* se invoca para desarrollar el *buddhi* con el fin de comprender nuestra naturaleza real, luego de lo cual tenemos todo. Es nuestra identificación con nuestros yo individuales lo que nos esclaviza. Pero la luz divina de *Savitur* nos ayuda a liberarnos de nuestras ataduras, de manera tal que el poder de *Gayatri* nos envuelva.

Por sobre todo, el *Gayatri mantra* es único en otro sentido, por ser la combinación de una oración y de un *mantra*: combina el poder inherente del sonido de un *mantra* (que a veces no tiene ningún significado para quien lo recita) con el poder de la oración.

---

[16] Generalmente, un *mantra* se asocia a una deidad particular, por ejemplo, *Shiva-pancakshari* con el nombre de la deidad *Shiva,* y su respectiva métrica.

Capítulo 9
Ideas falsas acerca de Kundalini

Kundalini es una palabra que ha fascinado a miles de personas. Muchas de ellas, que solo tienen un conocimiento rudimentario acerca de *yoga* o de misticismo, hablan acerca de *kundalini.* ¡Qué ideas absurdas y tontas dicen muchas veces!

Kundalini parece ser el término más malinterpretado. Algunos piensan que es una fuerza misteriosa relacionada con la magia negra y con las orgías de los *Kapalic tantrics[1]*. Otros, bien educados en cuestiones de anatomía humana y de fisiología pero que desafortunadamente no han estudiado los textos relevantes ni han sido guiados por un Maestro espiritual, proclaman que se trata tan solo de un nervio, como el nervio neumogástrico derecho. Otros dicen que *kundalini* y los centros por los que se mueve están en el plano astral o en otros planos y hasta lo representan pintándolo con fantásticos colores que consideran mejores que la representación gráfica de los *chakras.*

Un puñado de personas que han escrito acerca de este tema, como Sir John Woodroff, el autor de **Serpent Power (El poder de la Serpiente)**, se han tomado el trabajo de profundizar en el asunto teórica y prácticamente, y por lo tanto pueden proveer abundante información. Hay otros grandes Sabios y *yoguis* que han tenido verdaderas experiencias personales de *kundalini* pero, por varias razones, vacilan en escribirlas.

Los textos tradicionales que tratan el tema de *kundalini,* como el *Hatayoga Pradheepika, Satchakra Nirupanam* y los *Tantras,* incluso varios comentarios acerca de *Soundarya Lahiri* y los escritos de Bhaskara Raya, Kaivalyashrama y Lakshmidhara, necesitan la guía de un *gurú* iniciado para extraer sus secretos. Esos *gurús* son realmente difíciles de encontrar hoy en día.

---

[1] Secta de practicantes de *tantra* que utilizan los crematorios como sitio de adoración. Sus practicantes acarrean cadaveras humanas (*kapala*) como símbolo de renuncia total.

Por lo tanto, no hay nada de que sorprenderse ante el ridículo espectáculo de miles de personas sentadas, con sus ojos cerrados, que aguardan que el autoproclamado *gurú* les despierte en masa la *kundalini* a cada uno de ellos y de una sola vez.

Hay personas que dicen que su *kundalini* se despertó porque sintieron una sensación de cosquilleo en las palmas. Un hipnotizador puede hacerlo mejor, puede hacerte sentir un cosquilleo en el cuello o en cualquier otra parte del cuerpo que nombres.

"¿Por qué no?" preguntan los devotos del culto de la iluminación instantánea. "¡Ramakrishna Paramahansa iluminó a Swami Vivekananda con un simple toque; Nityananda Avadhuta despertó la *kundalini* de Swami Muktananda con solo una mirada! *Shaktipath*[2] es posible. Los textos antiguos lo declaran". Pero *Shaktipath* no es algo que puedes comprar directamente de la estantería, no es un artículo de consumo que puede comercializarse.

Reflexiona un poco y no caigas en una trampa. ¿Por qué Sri Ramakrishna eligió solo a Swami Vivekananda para recibir ese toque especial? Lo mismo que el gran Nityananda. Un vendedor de flores en Ganeshpuri, que no ha progresado demasiado espiritualmente hasta estos días, era un protegido de Sri Nityananda. ¿Por qué él no recibió *Saktipath*?

Es verdad que Maestros muy evolucionados espiritualmente pueden despertar la *kundalini* o la conciencia espiritual de un individuo, si es que así lo desean. Pero solo lo hacen con el discípulo adecuadamente calificado, que tiene un intenso anhelo por la Verdad, solo con quien cumple con un intenso *sadhana*. Cuando el discípulo está maduro, el *gurú* lo busca para otorgarle su gracia. Entonces sé precavido cuando alguien ofrece iluminación espiritual "al por mayor".

No profundizaremos en los muchos detalles referentes a la cantidad de pétalos de un determinado *chakra*, su color, etcétera. Esos

---

[2] *Shaktipath* es el proceso a través del cuál energías espirituales son transmitidas de un Maestro espiritual a un discípulo adecuado. Estas energías conducen a una experiencia espiritual. Hay diferentes modos de *shaktipath*: a través del habla, del tacto, de la mirada, de la respiración, del silencio y a veces mediante la violencia física.

detalles no son importantes. Quienes estén interesados pueden encontrarlos en los originales en sánscrito o en las excelentes traducciones disponibles, como **El poder de la Serpiente**, de Sir John Woodroff. Pero respecto de las prácticas de *Hatha Yoga* y otras prácticas que pueden encontrarse en diferentes libros, uno no debería practicarlas sin la guía de un Maestro experimentado. No solo son inservibles sin esa guía, también son peligrosísimas. Hay ejemplos de entusiastas desafortunados que se han vuelto locos practicando lo que ellos consideraban ejercicios espirituales. Esto, al margen de las dolencias físicas que pueden causar las prácticas incorrectas de las posturas de *Hata Yoga* y los ejercicios de respiración denominados *pranayama*.

Ahora vamos a ver lo fundamental del *kundalini yoga*. *Kundalini* es una fuerza o energía espiritual simbolizada por una serpiente que permanece dormida o inactiva en modo potencial, como un resorte comprimido, en todos los seres humanos, en el extremo inferior de la espina dorsal en un centro llamado *muladhara chakra*. A diferencia del ser humano común y corriente, el *yogui*, controlando el impulso sexual íntimamente ligado a *kundalini* y mediante la práctica de ejercicios espirituales enseñados por su *gurú*, puede despertar a la serpiente *kundalini* de su sueño y guiarla hacia arriba, paso a paso, a lo largo del canal *sushumna*, en su espina dorsal, hasta que alcance el *sahasrara chakra*, también conocido como *sahasrara padma* -el loto de mil pétalos situado en la cabeza.

En todos los seres humanos, el *prana* o la energía vital se mueve y realiza sus funciones a través de dos pasajes o *nadis*: el *pingala*, situado a la derecha de la espina dorsal y el *ida*, a la izquierda.

El *pingala*, también llamado "ha" en *Hatayoga,* es el canal positivo. El *ida*, también llamado "tha", es el negativo. El *nadi* central, a cuyos lados se encuentran el *ida* y el *pingala*, se llama *sushumna* y está en el centro de la espina dorsal. El canal *sushumna* permanece cerrado habitualmente, y el *yogui* lo abre con sus prácticas. Mediante el *pranayama* une el *prana* positivo con el *prana* negativo en la base de la espina dorsal y, golpeando *kundalini*, la despierta y la lleva hacia arriba a lo largo del canal central, *sushumna,* previamente despejado mediante sus prácticas. Mientras *kundalini* va subiendo desde el *muladhara*, pasa a través de otros cinco centros o *chakras*, situados, sucesivamente, uno arriba del otro.

Estos son: *swadhisthana*, situado un poco más arriba de los órganos sexuales; *manipura*, a la altura del ombligo; *anahata,* en el medio del pecho; *visuddha*, a la altura de la garganta y *ajna*, a la altura del entrecejo. El séptimo centro se encuentra a la altura del cerebro. El despertar de *kundalini* en el *muladhara* es acompañado por sensaciones de gozo en ese centro. A medida que se levanta y va atravesando cada uno de los *chakras,* descriptos acertadamente como flores de loto con sus pétalos cerrados, estos se abren, floreciendo con su toque mágico. No solo el gozo experimentado por el *yogui* alcanza dimensiones inimaginables, también su visión se expande hacia reinos maravillosos de los que nunca antes había imaginado su existencia. Tanto su cuerpo físico como su cuerpo sutil, su mente y su intelecto se purifican, y poderes *yoguis* como por ejemplo la clarividencia aparecen espontáneamente.

Cuando *kundalini* -siendo esta la *Shakti* (el aspecto femenino o principio activo de la energía)- alcanza el *sahasrara chakra*, esta se une con *Shiva* (el aspecto masculino o principio pasivo de la energía que reside en el *sahasrara chakra*), y se vuelven indiferenciados en un vasto océano de paz y omnipresencia. Se dice que el *yogui*, perdido en ese estado, está en *samadhi*. Cuando *kundalini* desciende una vez más a los centros más bajos, él es consciente del mundo pero es ahora una nueva persona. La piedra del alquimista lo ha tocado y ha sido transmutado en oro.

Puede ponerse una armadura de metales baratos para unirse a la batalla de la vida, pero, por dentro, es oro puro. Por supuesto, puede guiar su *kundalini* hacia arriba para encontrarse con el Señor cuando él lo desee. Tal *yogui* es una manifestación de *Shiva, Shivam*[3], lo auspicioso.

Aquí no entraremos en la controversia acerca de si es una energía física o psicofísica y demás. Tampoco nos pondremos a debatir acerca de si los *chakras* son los plexos nerviosos o si son, puramente, formaciones astrales. Podemos dejar esto para aquellos que tienen tiempo para debatir esas cosas. Por cierto, será útil descubrir la verdad acerca de ello, pero esto es una cuestión de prioridades y nuestras prioridades son diferentes.

---

[3] *Shivam* es otra manera de referirse a *Shiva*, simbolizando lo auspicioso y el gozo supremo.

Basta con decir que hay, ciertamente, un vínculo entre el *kundalini* y el cuerpo físico, y que este vínculo funciona en ambos sentidos. Primero, ciertas posturas físicas y ejercicios, incluyendo el control de la respiración y las prácticas que alteran la química del cuerpo como por ejemplo el ayuno, aceleran e inducen el despertar de *kundalini,* si es que el resto de las cosas esenciales también está presente. En segundo lugar, el sexo está íntimamente ligado a *kundalini.* El control y la sublimación del sexo es uno de los principales requisitos para que despierte *kundalini.*

Además del desarrollo psíquico y espiritual que trae el despertar de *kundalini,* produce cambios biológicos en el organismo que el *yogui* puede sentir claramente.

Kundalini no es otra que *Parashakti[4]*, la Energía Suprema, que luego de haber realizado su creación en el macrocosmos y en el microcosmos, descansa en el *muladhara.* Esto no quiere decir que es una fuerza gastada, o "la parte que sobra" de la Energía Suprema involucrada en la creación que se aloja en el *muladhara.* Por el contrario, *kundalini* es potencialmente el mismo Poder Omnipotente por el cual todo el universo se manifiesta y mediante el cual funciona.

El siguiente *shloka* invocatorio del *Isavasya Upanishad* destaca la naturaleza infinita, indestructible, inmutable de esa Energía:

Om purnamadaha purnamidam

purnat purnamudachyate

Purnasya purnamadaya

purnamavavisasyate

Om Shantih, Shantih, Shantih.

---

[4] La gran *Shakti*, la energía primordial.

Traducido sin excesivo rigor, puede leerse así:

Infinito es lo invisible; también lo visible.

El universo visible encuentra su expresión en el Infinito.

(Aún así) el Infinito permanece completo a pesar de Su expresión en el universo finito.

Om, ¡Paz! ¡Paz! ¡Paz!

Capítulo 10
Miedo a la muerte

Sin lugar a dudas, todos le temen a la muerte en mayor o menor medida; excepto los Sabios, por supuesto, que están más allá de la preocupación por la vida y la muerte, o, en un extremo absurdo, aquellos que tienen tendencias suicidas.

La mayoría de la gente no es consciente de la existencia de algo permanente, independiente del cuerpo, que forma el núcleo del ser humano. Este Ser permanente no puede ser aniquilado por la muerte del cuerpo físico. Pero como el hombre normal no es consciente de esto, le teme a la muerte. Y si no es consciente de esto, no puede haber motivo por el que debería pensar que existe un Ser permanente. No estoy negando la posibilidad de alimentar ese tipo de pensamientos. Es muy probable que, en algún lugar muy profundo, cada ser humano sienta que debe haber algo permanente en algún sitio, y por consiguiente, no le gusta la idea de terminar su existencia. Este sentimiento aparece solo cuando sientes que todo va a terminar, y que la muerte es inminente. Entonces le tememos a la muerte porque no sabemos qué es lo que va a venir después de ella.

No obstante, examinándolo más, encontrarás que el miedo a la muerte no se siente por no saber qué es lo que pasará después sino por temor a perder todo lo que has adquirido durante la vida. Nuestro miedo más grande es el de perder todo lo que poseemos, o, mejor dicho, todo lo que creemos poseer cuando morimos. Nadie posee realmente nada, pero el sentimiento es todo lo contrario. De ahí que este miedo sea lo que aflora en la mente de la persona que está a punto de morir. Pensamos que la muerte va a borrar todo instantáneamente y esa es la principal razón del miedo. Por lo tanto, nos gustaría sentir que hay algún tipo de existencia después de la muerte en la que podríamos poseer alguna otra cosa. Así podemos satisfacer a la mente: perdemos algo aquí, obtenemos algo allá.

No estoy discutiendo si la vida existe después de la muerte o no; es un tema discutible sin ninguna conclusión definitiva. Solo estoy diciendo que el miedo a la muerte se debe, principalmente, a que uno teme perder sus posesiones, no solo las físicas y materiales, sino todo tipo de posesión que puedas imaginar. Más allá de las físicas y materiales, hay muchas posesiones mentales que hemos creado y a las que nos aferramos. Aun hasta ellas van a desaparecer.

La existencia de una sustancia imperecedera e inmutable detrás de lo perecedero y cambiante como lo proclaman nuestras escrituras – que podría ser visto como un deseo proyectado para disminuir nuestro miedo a la muerte- puede ser ejemplificada con la experiencia de Sri Ramana Maharishi. Puede aducirse esto como una prueba, pero una prueba que no es fácilmente verificable. Él tuvo una experiencia excepcional. Cuando era muy joven, sintió que estaba a punto de morir. Se dijo a sí mismo: "Voy a morir. Me recostaré en mi cama como un cadáver". Él había visto como los cuerpos son acostados en el piso antes de ser llevados al crematorio. Entonces se recostó y cerró los ojos. Dejó de respirar. Todo se había detenido, no había ya ningún movimiento. ¡Pero se dio cuenta de que aún vivía! Esto no fue un simple simulacro de muerte, el que cualquiera podría hacer con el poder de una febril imaginación. Realmente él experimentó la muerte. Su respiración había cesado, no había movimiento y, mientras tanto, desde arriba él podía ver todo lo que allí abajo estaba sucediendo. Se dijo: "Ahora el cuerpo está muerto, lo van a llevar al crematorio". Pero cuando descubrió que él aun estaba allí, consciente de todo lo que sucedía, pensó: "Aún estoy aquí, pero así debe ser la muerte. Entonces, quizás, haya algo que sobreviva después de la muerte. ¿Es algo físico, es algo mental o es algo que está más allá de ambos, del cuerpo y de la mente? ¿Es solo el cerebro que está intentando protegerse o hay un operador de este, ya que el cerebro es una computadora muy compleja?".

Capítulo 11
El dolor a la luz del yoga

Nadie quiere experimentar dolor, a menos que a uno le garanticen que, experimentando dolor, vendrá mayor felicidad. No me importa experimentar algo de dolor, en tanto y en cuanto, a raíz de ello, surja algo de felicidad y me pueda deshacer de mi dolor. De otro modo, nadie quiere experimentarlo. Esto se debe a que la tendencia innata de la mente es la de moverse hacia la felicidad, que no es otra cosa que la liberación del dolor que se manifiesta en todos. Todo ser humano tiene la tendencia de moverse hacia esta felicidad. El único problema es que, si observas muy cuidadosamente, verás que luego de cada pedacito de felicidad aflora un poco de infelicidad. Cuando piensas que todo lo que contribuía a tu dolor ha cesado y eres feliz, algo sucede, y la felicidad desaparece nuevamente. Los *rishis* declaran que hay un núcleo de felicidad dentro de uno. Si te vuelves hacia él, lo que logres o dejes de lograr exteriormente no cuenta para nada. Buscando felicidad, la mente se enfoca hacia fuera, sin saber de su existencia interior. Por lo tanto, cuando hay dolor, intenta deshacerse de él. Deshacerse del dolor es, en sí, felicidad. Uno no precisa poseer ninguna otra felicidad "positiva". Cuando se va el dolor, hay felicidad.

Al cuerpo nunca le gusta sentir dolor, y existe un mecanismo biológico para protegerlo de él. Por eso es que siempre ocurren reacciones automáticas ante el dolor. ¿A quién le gustaría sentir dolor? Uno intenta evitarlo, en la medida de lo posible, tanto para el cuerpo físico como para la mente. Cuando el cuerpo está enfermo, cuando hay dolor en él, la mente no puede despegar hacia nada más sutil o elevado porque siempre estará pensando en el dolor corporal. Con los ejercicios o con las *asanas* (posturas de *yoga*), uno debe estar concientemente seguro de no estar causando dolor, en la medida de lo posible. Por eso, el *yoga* no supone ninguna tortura física. Sentarse derecho para meditar no es ninguna tortura. Normalmente es posible para cualquiera, pero para la persona que no ha sido entrenada desde edad temprana puede resultar difícil. Si uno comienza lo suficientemente temprano, puede sentarse derecho y sentirse muy, muy confortable. Pero si uno no puede sentarse derecho, la realización del Ser no se verá afectada por ello. Eso lo puedo asegurar. Sin embargo, es bueno sentarse derecho, pues cuando te sientas derecho estás alerta y listo, y sientes que mantienes control. Pero si una persona tiene un dolor en la espalda o alguna dolencia, es terrible decirle: "Mira, debes sentarte derecho para la búsqueda espiritual, no puedes apoyarte en nada". En ese caso, apóyate en un almohadón o en lo que sea; eso no importa.

Apéndices

Apéndice 1
La Fundación Satsang

Fiel a su significado (reunirse en grupo –*sanga*, para comprender la verdad –*sat*), la **Fundación Satsang** es un punto de encuentro para buscadores espirituales de todas las creencias.

Siguiendo los preceptos de su Maestro: "No des consejos que tu mismo no puedes seguir. No hables de cosas acerca de las cuales no hayas tenido una experiencia personal", Sri M, el fundador de la **Fundación Satsang**, comparte su experiencia espiritual con quienquiera esté interesado, conduce charlas y discusiones acerca de *Vedanta*, enseña meditación y *yoga* para la salud, paz y tranquilidad, y desarrolla y apoya proyectos de caridad y educativos.

De acuerdo con él, en términos de disciplina espiritual, no existe una fórmula general común a todas las personas. Cada uno debe aprender las técnicas y métodos más apropiados de acuerdo a sus características físicas y psicológicas y sus condicionamientos del pasado. Esto lo debe descubrir cada persona con la ayuda de un Maestro.

Para ayudar a las personas a satisfacer sus aspiraciones espirituales, la **Fundación Satsang** lleva adelante los siguientes programas bajo la guía de Sri M:

- Cursos prácticos de *yoga* y meditación.

- Conferencias públicas y discusiones acerca del *Bhagavad Gita* y *Vedanta*.

- Cursos cortos en relajación mental y vida holística para gente ocupada.

Sri M destaca otro de los objetivos de la **Fundación Satsang** igualmente importante que el desarrollo espiritual, que es el de tender una mano para ayudar a los menos privilegiados de nuestra sociedad. "Puedes pasarte horas cada día meditando y haciendo prácticas de *yoga*", dice Sri M, "pero si no eres sensible al sufrimiento de tu vecino, todo esto no está sirviendo de nada."

Llevando sus ideas a la práctica, Sri M bajo su propia iniciativa y con dinero prestado por bancos y la colaboración desinteresada de algunos amigos, construyó dos modestas escuelas para niños pobres cerca de su residencia en Madanapalle, en Andhra Pradesh (al sudeste de India). Las escuelas son gratuitas y, además de un muy efectivo sistema alternativo de educación, proporcionan dos comidas diarias a los niños más desafortunados de la zona. También en las escuelas se llevan adelante iniciativas de autoempleo y micro-emprendimientos para las mujeres y ancianas más relegadas de las aldeas y pueblos vecinos. Entusiasmados por su ejemplo, los miembros de la **Fundación Satsang** se dedican a conseguir fondos para mantener las escuelas funcionando y para futuras ampliaciones.

En palabras de Sri M: "Cuando sirves a una persona menos afortunada que tu de cualquier manera, sea material o espiritualmente, no estás haciéndole un favor a ella. De hecho, quien recibe tu ayuda te está haciendo un favor a ti, aceptando aquello que estás dando, y por ende, ayudándote a evolucionar y a acercarte al Ser Divino y gozoso que, en realidad, está en ti y en el corazón de todos los seres".

Para más información acerca de la **Fundación Satsang** dirigirse a:

The Satsang Foundation
13/1 Bachammal Road
Cox Town
560 005 Bangalore, India

Tel: +91-80-2297-4090.
email:satsang.foundation@gmail.com
www.satsang-foundation.org

Para consultas en español

info@joyaenelloto.com

www.joyaenelloto.com

Apéndice 2
Glosario

Abhyasa	Práctica.
Acharya	Maestro.
Adhármico	Inmoral, injusto, no-recto.
Adhikari	Aquel que está calificado para recibir.
Advaitins	Filósofos Indios que siguen la escuela de *vedanta advaitha* (monistas). Creen que solo existe una única realidad suprema.
Ahamkara	Ego, individualidad o personalidad
Asanas	Posturas físicas en *yoga*.
Ashram	Sitio destinado a retiros espirituales.
Ashtanga yoga	Yoga de ocho partes o miembros: *yama* y *niyama* (reglas y regulaciones), *asanas* (posturas físicas), *pranayama* (control de la respiración que conduce al control de las energías vitales), *pratyahara* (retirar la mente de los objectos sensorios), *dharana* (concentración, atención dirigida a un punto u objeto), *dhyana* (proceso contínuo de *dharana* durante un prolongado período de tiempo: meditación), *samadhi* (la culminación del yoga, que es la experiencia del estado superconsciente, la absorción en la Realidad Absoluta).
Atman	El principio consciente en los seres humanos (alma).
Avadhunta	Ser sagrado que ha roto con todas las convenciones y no puede pertencer a ningún orden establecido.
Avidya	Ignorancia.

Bajhans	Canciones devocionales.
Bandha	Postura de *yoga* utilizada para trabar ciertas partes del cuerpo.
Bhagavad Gita	'La canción del Señor'. Es un texto religioso y filosófico en el que *Krishna*, la última encarnación de *Vishnu* en la tierra, le transmite su sabiduría a su amigo y discípulo *Arjuna*, quien es un príncipe de la dinastía *Pandava*. Se supone que todo el *Bhagavad Gita* fue enseñado por *Krishna* a *Arjuna* en el campo de batalla, cuando *Arjuna*, enfrentado con el ejército de la dinastía *Kaurava*, quienes eran sus primos, se acobarda y quiere retirarse de la batalla de la vida.
Bhakta	Devoto.
Bhakti	Devoción.
Bhakti yoga (o Bhakti marga)	Camino espiritual que pone gran énfasis en la devoción hacia el Ser Supremo en cualquiera de sus manifestaciones.
Bija mantras	Sonido "semilla". Ciertos sonidos místicos que pueden no tener significado alguno pero es de esperar que produzcan efectos a través de vibraciones sonoras.
Brahma	Uno de los aspectos de la trinidad Hindú (Ver *trimurti*).
Brahmachari	Célibe. Derivado de "actividad que lo lleva a uno hacia Brahman".
Brahman	La realidad suprema, absoluta e infinita de la filosofía *vedanta*.
Brahmin	Perteneciente a la casta de los sacerdotes o intelectuales en India.
Deva	Poderes de la naturaleza en forma de deidades.
Devangari	Idioma de los Dioses.

Dharmashalas	Sitio religioso donde se proporciona comida y alojamiento sin cargo.
Dhyana	Meditación.
Dvaitins	Filósofos Indios que siguen la escuela de *vedanta dwaitha* (dualistas).
Fakir	Hombre sagrado que voluntariamente vive en la pobreza.
Gita	Escritura que se encuentra en forma de himno o canción. Utilizada popularmente se refiere al *Bhagavad Gita* – La canción del Señor.
Gunas	Atributos de la naturaleza. Estos son: *sattva, rajas* y *tamas*.
Gurú	Palabra sargada que denota un Maestro espiritual y guía. Deriva de *gu-* escondido u oscuro- y *ru* –significando *rudra,* destructor. Destructor de la oscuridad.
Hatha Yoga	Es habitualmente entendido como las prácticas de *yoga* en la que se utiliza el cuerpo. No obstante, *Hatha Yoga* realmente se refiere a las prácticas mediante las cuales dos tipos de energía que circulan en el cuerpo – *Ha* (sol), la energía cálida y *Tha* (luna), la energía fría – son concentradas y se las hace ascender por el canal central en la espina dorsal –*sushumna*– para lograr el estado de *samadhi.* Para detalles referirse al texto **Hathayoga Pradipika.**
Hatha yogui	Practicante de las enseñanzas de *Hatha Yoga.*
Ishta Devata	Manifestación específica de Dios.
Japa	Recitar o salmodiar un nombre sagrado o *mantra* con el propósito de la meditación.
Japa Yoga	Tipo de *yoga* que le da más importancia a la práctica del *japa.*
Jnana marga (o jnana yoga)	El camino de la sabiduría. Uno de los caminos hacia el Ser Supremo que pone énfasis en el

	análisis intelectual.
Jnana yogui	Aquel que practica *jnana yoga.*
Kali, era de (*Kali yuga*)	De acuerdo con la cosmogonía Hindú, actualmente estamos en la era de *Kali (Kali yuga)*. Esta era comienza con la muerte de *Krishna* y supuestamente es un período en el cuál muchas fuerzas negativas se encuentran activas. La era de *Kali* finalizará con la próxima encarnación en la tierra de *Vishnu*.
Kamandalu	Recipiente utilizado por ascetas errantes y hombres sagrados para llevar agua, alimentos, etc.
Karma yoga	Camino espiritual que pone gran énfasis en el trabajo no-egoista o desapegado de los resultados.
Karmas	Actividades del presente que se espera condicionen el futuro y actividades del pasado que condicionan nuestro presente.
Kaupin	Ropa interior India generalmente utilizada por los *sadhus*.
Kavyakanta	Expresión poética que significa "excelente poeta". Título otorgado a eruditos destacados en *sánscrito*.
Keval kumbhak	Detención repentina de la respiración con los pulmones llenos de aire que sucede espontáneamente en un estado de meditación profunda.
Krishna	La décima y última encarnación en la tierra de *Vishnu* (ver *trimurti, Bhagavad Gita* y *Kali*)
Kundalini	Fuerza o energía espiritual presente en todos los seres humanos. Salvo en los seres evolucionados espiritualmente, esta energía permanece 'dormida' o en estado potencial.

Kutir	Pequeña choza o cabaña donde viven hombres sagrados. Generalmente solos y aislados.
Loka	Reino o esfera de existencia.
Mahamantra	Gran *mantra*.
Maharaj	Rey. También utilizado como título para un hombre sagrado porque ha conquistado la mente.
Mantra	Palabra o serie de palabras cargada/s de poder. Un *mantra* puede ser recitado sin conocer su significado, y aún así, uno puede beneficiarse con él.
Mantrasiddhi	Poder adquirido por el *yogui* debido a la práctica de repetir un *mantra*.
Maya	Ilusión. Término utilizado para describir el mundo en *Advaita Vedanta,* considerado ilusorio debido a que es impermanente y relativo.
Mayavad	La filosofía que enseña acerca de *maya*.
Nirvana	Extinción absoluta del sufrimiento. Liberación del sufrimiento.
Niyamas	Reglas y regulaciones a ser seguidas por el *yogui*. Una de las ocho partes del *ashtanga yoga*.
Padmasana	Posición de loto (sentado con la espalda recta y las piernas cruzadas como generalmente se muestra a Buddha).
Pandit	Erudito
Paramahansa	Gran Santo que está mas allá de toda restricción de credo y casta. Deriva del mítico cisne blanco –*hamsa*-, que se dice que cuando se le da de beber agua mezclada con leche es capaz de beber la leche y dejar el agua.
Parashakti	La gran *shakti*, energía primordial.

Pranava	Término utilizado haciendo referencia a *Aum*, porque se supone este proveee energía *(prana)*.
Pranayama	Control de la respiración que conduce al control de la fuerza vital *(prana)*.
Prashnottara	Preguntas y respuestas.
Raja yoga	Camino de *yoga* que pone énfasis en el control de la mente y la meditación.
Raja yogui	Aquel que practica *raja yoga*.
Rajarishi	Un rey que también es un *rishi* o un *rishi* que tiene las cualidades de un rey.
Rajas	Uno de los tres *gunas* o atributos de la naturaleza. Representa la acción y la actividad. Opuesto a la inercia.
Rajásico	Dominado por el *guna rajas*.
Rishi	Sabio.
Sadhak	Aquel que practica una disciplina espiritual.
Sadhana	Disciplina espiritual.
Sadhu	Hombre sagrado que hace voto de pobreza y deambula de sitio en sitio.
Samadhi	Estado supra-consciente en el que uno pierde su identidad y se funde con la Realidad Suprema.
Samsara	El mundo que es identificado con el ciclo de vida, muerte y sufrimiento.
Sandhya vandana	Ejercicios espirituales y oraciones realizadas durante el amanecer y atardecer.
Sannyasin	Renunciante o monje.
Sánscrito	Idioma ancestral de India utilizado en todas las escrituras.
Sanyasa	Vida de un *sannyasin*.
Satchitananda	Palabra que denota al Supremo *Brahman*. Está

formada por tres palabras: *Sat-* verdad, *Chit-* consciencia, *Ananda-* gozo supremo.

Satsang
Reunirse en grupo –*sanga*, para comprender la verdad –*sat*.

Sattva
Uno de los tres *gunas* o atributos de la naturaleza. Representa el equilibrio perfecto, la paz, el bien, etc.

Sátvico
Dominado por el *guna sattva*.

Seva
Servicio.

Shakti
El aspecto femenino o principio activo de la energía.

Shaktipath
El proceso a través del cuál energías espirituales son transmitidas de un Maestro espiritual a un discípulo adecuado que conducen a una experiencia espiritual. Hay diferentes modos de *shaktipath*: a través del habla, del tacto, de la mirada, de la respiración, del silencio y a veces mediante la violencia física.

Shiva
Uno de los aspectos de la trinidad Hindú (ver *trimurti*).

Shivam
Otra manera de referirse a *Shiva*, simbolizando lo auspicioso y el gozo supremo.

Shloka
Estrofa, verso.

Siddha
Sabio.

Srividya
Práctica secreta y poderosa de *mantras* con el fin de despertar la *kundalini*.

Sufis
Los místicos del Islam. Generalmente no son aceptados por los musulmanes ortodoxos.

Sutra
Aforismo.

Swami
Término utilizado para referirse a hombres sagrados y *brahmins*. En tiempos antiguos en India el término era utilizado por las mujeres

	para referirse a sus esposos. Generalmente es utilizada como una palabra que denota respeto.
Tamas	Uno de los tres *gunas* o características de la naturaleza. Representa la inercia, lo holgazán, la ignorancia, etc. Denota oscuridad.
Tamásico	Dominado por el *guna Tamas*.
Tambura	Instrumento musical de cuatro cuerdas utilizado en la música India.
Tantra	Escuela de pensamiento y práctica en India que cree que es posible ir mas allá de las experiencias sensorias luego de involucrarse, hasta cierto punto, en prácticas sensuales. Básicamente está relacionada con despertar la *kundalini*. Generalmente es asociada con magia negra y otras prácticas oscuras, lo cuál es una interpretación errónea de *tantra*.
Tantrico	Todo lo que tiene que ver con *tantra*.
Thithi pujas	Adoración de Santos en sus cumpleaños de acuerdo con el calendario Indio antiguo.
Trimurti	Trinidad Hindú que representa diferentes aspectos del Ser Supremo. *Brahma* es el creador, *Vishnu* es quien preserva o mantiene lo creado y *Shiva* es quien destruye lo creado, permitiendo la transformación y regeneración de la creación.
Upadhi	Vehículo o medio para expresar cualquier cosa.
Upanishads	Cuestionamientos filosóficos que forman parte de los *Vedas*.
Vaidya	Médico tradicional de India.
Vasanas	Las semillas del deseo que son acarreadas de nacimiento en nacimiento.
Vedanta	Una de las principales escuelas de filosofía de India que trata los aspectos más profundos de conocimiento *védico*. Principalmente consiste

en los *Upanishads* y sus comentarios. Las tres principales escuelas de *vedanta* son: *advaitha, vishista advaitha y dwaitha* (ver *advaitins, vishishtadvaitins* y *dvaitins* respectivamente).

Vedas   Los *Vedas* son un vasto cuerpo de literatura que forman parte de la base del Hinduismo. Cada uno de los *Vedas* está dividido en los *Samhitas,* himnos; *Brahmanas,* tratados teológicos y ritualismo; y los *Upanishads,* cuestionamientos filosóficos.

Védico   Proveniente de o relacionado con los *vedas.*

Vignanis   Los grandes Sabios que han realizado la sabiduría suprema.

Vishishtadvaitins   Filósofos Indios que siguen la escuela de *vedanta vishista advaitha* (no-dualismo cualificado) fundada por *Ramanuja.*

Vishnu   Uno de los aspectos de la trinidad Hindú (ver *trimurti*).

Yamas   Reglas básicas a ser seguidas por el *yogui.* También el nombre del Dios de la muerte, denotando la imposibilidad de romper esa ley.

Yoga   Una de las principales escuelas de filosofía de India cuyo fundador se cree fue Patanjali.

Yogui   Aquel que practica las enseñanzas de *yoga.*

www.ingramcontent.com/pod-product-compliance
Lightning Source LLC
LaVergne TN
LVHW020751200726
843506LV00009B/988